Johannes Marböck

Aus einer Wurzel zart

Johannes Marböck

AUS EINER WURZEL ZART

Impulse zu biblischen Texten der Advent- und Weihnachtszeit

Herausgegeben von Franz Kogler
und Hans Hauer / Bibelwerk Linz

Tyrolia-Verlag · Innsbruck-Wien

Inhalt

Erbarmen – Aufstrahlen

Mitsein – Vision

Gerechtigkeit – Lebensfülle

Zum Geleit

„Die Bibel ist die Seele der Pastoral“, formuliert Papst Benedikt XVI. in seinem nachsynodalen Schreiben *Verbum Domini* (73) über das Wort Gottes im Leben und in der Sendung der Kirche. Die Bibel ist somit nicht einfach ein pastorales Puzzleteil neben anderen, sondern die Inspirationsquelle für das pastorale Handeln von Kirche.

Die Bibel ist kein uniformistisches Werk, das exakte Anleitungen für das Leben bieten würde. In ihr findet sich vielmehr das menschliche Leben selbst, die Erfahrungen von so vielen verschiedenen Frauen und Männern aus dem Volk Israel mit ihrem Gott in ihren unterschiedlichsten Facetten ausgedrückt – mit Widersprüchen und Spannungen; mit Abbrüchen und Aufbrüchen; mit Hoffnungen, Jubel und Freude; mit Gottes Erbarmen und Mitsein.

Gerade in den alttestamentlichen Lesungen der Advent- und Weihnachtszeit finden sich diese Grundkonstanten des Menschseins verdichtet in einer Sehnsucht nach Erfüllung und nach der Nähe Gottes. Viele dieser Texte sind uns so vertraut, dass wir einzelne Passagen auswendig zu zitieren vermögen – und darum laufen sie oft Gefahr, abgegriffen und ihrer eigentlichen Aussageintention beraubt, ja in ihrer Sprengkraft unterschätzt zu werden.

Johannes Marböck gelingt es, mit dieser feinfühligen und spirituell anregenden Kommentierung Altbekanntes neu zu erschließen und erhellende Sichtweisen aufzuzeigen. Denn diese über 2000 Jahre alten Texte, Teil der Menschheitsliteratur, haben bleibende Aktualität für uns heute: Wer würde bezweifeln, dass das Hoffnungsbild von den Schwertern, die zu Pflugscharen umgeschmiedet werden (Jes 2,4), mehr denn je in unserer Zeit ein Zukunftstraum ist? Wer würde sich nicht wünschen, dass Gott den Himmel aufreißen möge (Jes 63,19), um unwiderruflich für eine gerechte und glückende Welt zu sorgen?

Wir Christinnen und Christen glauben, dass Gott in Jesus uns seine Nähe und Liebe unmissverständlich gezeigt und zugesagt hat. Im Warten auf Gottes Ankunft zu Weihnachten sollen wir nie vergessen, wie sehr es der heilmachenden Anwesenheit Gottes bedarf, damit unser Leben, unser Alltag, unser Miteinander von Hoffnung und Zuversicht geprägt sind.

+ Manfred Scheuer
Bischof der Diözese Linz

Einführung

Die für die Liturgie der Advent- und Weihnachtszeit vorgesehenen Texte aus dem Alten Testament können tiefe Dimensionen auftun und einen Gegenpol schaffen zum geschäftigen Treiben und dem Stress der Vorbereitungen.

In den hier zusammengestellten Beiträgen legt *Johannes Marböck,* emeritierter Professor für Altes Testament in Linz und Graz, seine Überlegungen und Predigten zu den Lesungstexten der Advent- und Weihnachtszeit zu allen drei Lesejahren vor. Die vorwiegend aus den prophetischen Büchern stammenden Texte werden einfühlsam und spirituell anregend erschlossen. Der Autor zeigt immer wieder auf, wie sehr die alttestamentlichen Texte ihren eigenen Wert haben, in sich schlüssig sind, auf andere Bibelstellen verweisen und auch für heute von großer Bedeutung sind. Ergänzend zur *christlichen* Leserichtung der Bibel – auf die Person Jesu hin – tut sich hier die Chance auf, Texte in ihrer damaligen Bedeutung mit dem Hinweis auf die Tora als die (An-)Weisung Gottes für sein Volk zu verstehen. So kann auch etwas von der *jüdischen* Leserichtung – nämlich auf die Weisung Gottes hin als sein großes Geschenk für ein gelingendes Leben an das auserwählte Volk – erkannt werden.

Wenn diese Bibeltexte entsprechend verkündet werden, wird ansatzweise die darin enthaltene Weite und Tiefe erahnbar. Leider werden bei alttestamentlichen Lesungen oft einzelne Verse ausgelassen und der Text damit verstümmelt. *Johannes Marböck* orientiert sich zwar an den liturgischen Abgrenzungen, behält aber die Texte als Ganzes im Blick und macht sie verstehbar. Den Deutungen ist stets der Bibeltext der Einheitsübersetzung vorangestellt. Durch wörtlichere Übersetzungen des hebräischen Textes werden in seinen Erklärungen aber breitere Dimensionen erfahrbar.

Eine große Hilfe zum tieferen Verstehen der biblischen Perikopen ist die Zusammenschau mit weiteren Bibelstellen, auf die verwiesen wird. Dabei weitet *Johannes Marböck* den Blick auf interessante Zusammenhänge innerhalb der Bibel.

Die Beiträge des Autors verbinden die biblischen Texte lebensrelevant mit dem Heute. So wird ersichtlich, dass die prophetischen Texte nichts an Aktualität verloren haben. Immer wieder ist der Aufruf zu hören, den heilvollen Weg zu suchen, die Hoffnung wieder zu finden und zu fragen, welche Sehnsucht uns Menschen bewegt.

Wir danken *Johannes Marböck* ganz herzlich für seine Impulse, *Christine Eckmair* für die Niederschrift der diktierten Texte, *Ingrid Penner* für die Bildauswahl und die Bildtexte sowie *Brunhilde Steger* für die gute Zusammenarbeit mit dem Tyrolia-Verlag bei der Drucklegung.

Dass Ihnen dieses Buch neue Einsichten in die biblischen Texte und Anregungen für das eigene Leben gibt, wünschen

Franz Kogler und Hans Hauer

Trost – Friede

Aufbruch zur Stadt des Friedens: Jesajas faszinierende Vision vom Zion

Das Wort, das Jesaja, der Sohn des Amoz, in einer Vision
über Juda und Jerusalem gehört hat. [2]Am Ende der Tage wird
es geschehen: Der Berg mit dem Haus des Herrn steht fest
gegründet als höchster der Berge; er überragt alle Hügel. Zu
ihm strömen alle Völker. [3]Viele Nationen machen sich auf
den Weg. Sie sagen: Kommt, wir ziehen hinauf zum Berg des
Herrn und zum Haus des Gottes Jakobs. Er zeige uns seine
Wege, auf seinen Pfaden wollen wir gehen. Denn von Zion
kommt die Weisung des Herrn, aus Jerusalem sein Wort.
[4]Er spricht Recht im Streit der Völker, er weist viele Nati-
onen zurecht. Dann schmieden sie Pflugscharen aus ihren
Schwertern und Winzermesser aus ihren Lanzen. Man zieht
nicht mehr das Schwert, Volk gegen Volk, und übt nicht
mehr für den Krieg. [5]Ihr vom Haus Jakob, kommt, wir wol-
len unsere Wege gehen im Licht des Herrn.

Jes 2,1–5

Wer das Jesaja-Buch zu lesen beginnt und sich in dieses Buch hineinbegibt, kann ähnliche Erfahrungen machen wie beim Betreten einer Kathedrale. Da gibt es mächtige Konturen, Räume mit vielen Kostbarkeiten, ein Bau, an dem Jahrhunderte gebaut haben. Wir begeben uns hinein in ein Buch, in eine prophetische Bibliothek aus vielen Jahrhunderten. So lade ich ein, auf den Beginn dieses Buches in Kapitel 2, auf eine große zentrale Vision zu blicken, auf die Bilder eines Planes Gottes vom Bau seiner Stadt, wie sie aussehen soll und wie sie an zentralen Eckpunkten des Buches immer wieder durchscheint. Gleich am Anfang des Buches im großen Eingangsportal begegnet uns ein großartiges Bild der Zukunft der Vollendung „am Ende der Tage“: der Berg, der Berggipfel mit dem Haus des Herrn, ein Ort, der alle Völker derart fasziniert und anzieht, dass sie dorthin strömen.

Aufbruch der ganzen Welt

Das heißt, im Jesaja-Buch geht es um weitaus mehr als um Voraussagen des Messias. Es geht um einen großen Aufbruch der ganzen Welt zum Ziel, das Gott ihr gesetzt hat und das für alle Völker attraktiv und sichtbar wird: Sie sollen sich gegenseitig zum Aufstieg ermuntern. Denn dort erhoffen sie sich etwas, wonach sie Sehnsucht haben, eine Orientierung, die dort erfahrbar wird, die von dort ausgeht: die Wege und die Weisung des Herrn, das Wort des Herrn, das mit seiner Kraft offenbar die Völker beeindruckt.

Das faszinierende Wort, das von dort ausgeht, macht den Zion zu einem Ort, an dem Gott selbst Recht spricht, an dem er die Völker zurechtweist. Vor allem werden die Konsequenzen erfahrbar und sichtbar, die aktueller gar nicht sein könnten. Die Stadt Jerusalem wird eine große Werkstatt des Friedens, der zu einem neuen Leben der Gemeinschaft führt: Aus Fabriken, Industrien der Produktion von Waffen mit ihrer tödlichen Wirkung, werden Werkstätten, Werkzeuge des Friedens und des Lebens; Schwerter werden zu Pflugscharen, die dem Brot des Lebens dienen; Lanzen, die verwunden und töten können, werden zu Winzermessern, die der Ernte von Wein und damit der Freude dienen. Es gibt keine Schulen, keine Ausbildung, keinen Unterricht in der Kriegsführung für Angriff, Vernichtung oder Verteidigung.

Vision auch für heute

Das Haus Jakob, die Menschen, zu denen der Prophet spricht, können nicht anders, als ihr eigenes betroffenes und bewegtes Ja zu diesem Plan Gottes zu sagen: „Auf, wir wollen gehen im Licht des Herrn!" Gottes Licht soll Gottes Volk selbst in Bewegung setzen. Die Kraft und Dynamik der Vision eines solchen Ortes, eines solchen Jerusalems für die Welt, hat die Propheten des Gottesvolkes nicht mehr losgelassen. Sie hat dieses Portal, dieses Fenster des Lichtes und des Friedens immer wieder in die Architektur des Jesaja-Buches hineingesetzt: nicht nach eigenen Interessen, sondern nach Gottes Weisung Recht zu sprechen und zu entscheiden, Werkstätten des Friedens, des Lebens zu schaffen und dies der Welt zu zeigen.

Der Zion, ein Hügel in Jerusalem, wird in der biblischen Überlieferung zum Synonym für Jerusalem und zum Ziel der endzeitlichen Wallfahrt aller Völker.

So spricht Jes 60 am Ende des Buches von diesem Licht, das über der Stadt aufstrahlt und die Völker anzieht. In Jes 56,7 wird Jerusalem zu einem Haus des Gebetes für alle Völker. Und die Verse in der Mitte des Buches (Jes 25,6–8) schildern die Vision von einem großen Festmahl mit kostbaren Speisen und Weinen auf dem Berg für alle Völker und das Ende von Tränen und Tod. In Jes 19,23–24 gibt es eine Straße, die alle bisherigen Grenzen aufhebt. So führt eine Straße zwischen den feindlichen Großmächten (damals Ägypten und Assyrien) durch das bisherige Opfergebiet Israel. Und alle drei werden vom Herrn gesegnet. Die Vision des Anfangs ist also die große Klammer um das Buch, das große Licht, das es durchstrahlt.

Das große Bild vom Bau und vom Licht des Friedens in und über der Gottesstadt in Jes 2 ist auch für die Kirche die große bleibende aktuelle Herausforderung und Einladung, selbst mit der Welt und für die Völker der Welt dieser Vision entgegenzupilgern. Gerade als Kirche sind wir gerufen, solche Orte zu schaffen, die Menschen anziehen, wo sie etwas vom Prozess des Friedens und der Gemeinschaft spüren können.

Wir sollen Orte schaffen, wo Probleme des Miteinanders nicht unter den Teppich gekehrt werden, sondern wo Menschen ehrlich und offen miteinander sprechen; wo Menschen nicht nur immer die anderen belehren, sondern sich selbst vom Herrn belehren lassen und Waffen des Denkens und des Redens in Werkzeuge des Lebens, des Füreinander und Miteinander umschmieden.

Vision als Anfrage und Auftrag

Jes 2,1–5 ist gewiss Anlass zur Bitte um Vollendung dieser großen Vision Jesajas für die Stätten, von denen das Friedenslicht kommt, an denen und in denen aber bis zur Stunde Mauern zwischen Menschen aufgerichtet sind. Die Jesaja-Lesung ist aber auch Aufruf, dass wir persönlich in diesen Ruf einstimmen: „Haus Jakob, auf, wir wollen gehen im Licht des Herrn!" Menschen sollen auch von und mit uns sagen können, wir wollen dorthin gehen, weil dort jemand aus der Friedenswerkstatt Gottes lebt und erkennbar ist.

Auch in Jes 9,1–6 ist die Rede von einem Licht, das über Krieg und Dunkelheit aufgeht, wo Soldatenstiefel verbrannt werden durch ein Kind, das den Titel „Fürst des Friedens" trägt, mit dem ein Friede ohne Ende beginnen soll (Jes 9,5).

Licht und Frieden:
Die Botschaft eines Kindes

*Das Volk, das im Dunkel lebt, sieht ein helles Licht; über
denen, die im Land der Finsternis wohnen, strahlt ein Licht
auf. 2Du erregst lauten Jubel und schenkst große Freude.
Man freut sich in deiner Nähe, wie man sich freut bei der
Ernte, wie man jubelt, wenn Beute verteilt wird.
3Denn wie am Tag von Midian zerbrichst du das drückende
Joch, das Tragholz auf unserer Schulter und den Stock des
Treibers. 4Jeder Stiefel, der dröhnend daherstampft, jeder
Mantel, der mit Blut befleckt ist, wird verbrannt, wird ein
Fraß des Feuers.
5Denn uns ist ein Kind geboren, ein Sohn ist uns geschenkt.
Die Herrschaft liegt auf seiner Schulter; man nennt ihn:
Wunderbarer Ratgeber, Starker Gott, Vater in Ewigkeit,
Fürst des Friedens. 6Seine Herrschaft ist groß und der Friede
hat kein Ende. Auf dem Thron Davids herrscht er über sein
Reich; er festigt und stützt es durch Recht und Gerechtigkeit, jetzt und für alle Zeiten.
Der leidenschaftliche Eifer des Herrn der Heere wird das
vollbringen.*

Jes 9,1–6

Es sind immer noch berührende Worte und Melodien der Weihnachtsliturgie: „Ein Kind ist uns geboren, ein Sohn ist uns geschenkt“, das Wort aus der Lesung der Mitternachtsmesse (Jes 9,1–6), und auch das Wort aus dem Lukasevangelium: „Ihr werdet ein Kind finden, das in einer Krippe liegt.“ (Lk 2,12) Worte und Bilder von Lesung und Evangelium und das Zeichen der Krippe sind dichte, berührende Zusammenfassung der Feier der Mette. Sie sind allerdings alles andere als billige Nahrung für das Gefühl. Sie sind gerade in unseren Tagen mehr denn je aktuelle Botschaft hinein in unsere Welt, die wie selten bisher in unheilvolle Feindschaften verstrickt ist und auf Frieden wartet. Das Friedenslicht von Betlehem ist gewiss sehr schöner, aber überaus gefährdeter Kontrast zur Situation in jener Stadt! Friedensfürst ist ja der Name des Kindes in der Lesung und die Verheißung lautet: „der Friede hat kein Ende“, und im Weihnachtsevangelium verkünden Engel die Botschaft vom Frieden für die Menschen des Wohlgefallens Gottes.

Wir dürfen dankbar sein, dass Menschen in Palästina jene Worte festgehalten und weitergegeben haben, Worte der Hoffnung gegen allen Augenschein, gegen alle Winde und Stürme der Gewalt, das Wort vom Frieden, der „leisesten aller Geburten“ (*Nelly Sachs*). Lassen auch wir uns davon berühren, dass wir es aufnehmen und weitergeben.

Ein Kind als Friedensfürst

Der faszinierende Jesaja-Text, der immer noch ans Herz greift, fasst spannungsreiche Erfahrungen zusammen: Erfahrungen von Gewalt und Krieg im Gottesvolk der Königszeit, aber auch Hoffnungen auf eine Situation darüber hinaus, Hoffnungen auf Frieden, wie wir sie bei Jesaja lesen dürfen – Erfahrungen, die die Geschichte der Menschen Palästinas bis zur Stunde bestimmen.

Da ist die Rede von Menschen im Dunkel und Todesschatten, über denen unerwartet ein Licht aufstrahlt und die darüber in Jubel und Freude ausbrechen, von Menschen, denen ein Joch, eine drückende Last, abgenommen wird, von Menschen, die Freiheit erfahren und erleben dürfen, dass der Marschtritt der Soldatenstiefel zu Ende ist und die Kriegsausrüstung verbrannt werden kann.

Der Grund für diesen völlig unerwarteten Wandel ist die Hoffnung, die sich mit der Geburt eines Kindes verbindet, das offenbar einen neuen Anfang bringt, einen Anfang von oben, von Gott her, wie seine Namen andeuten, ein Kind, in dem sich Gottes Möglichkeiten und Kräfte verbergen und sammeln. Es ist das Gegenbild zu den Soldatenstiefeln; es trägt ja den Namen „Fürst des Friedens“ und seine Herrschaft wird groß sein und der Friede grenzenlos.

Die Menschen des Gottesvolkes Israel haben dieses großartige Friedenslicht, dieses Prophetenwort über die Ablösung von Soldatenaufmarsch durch die Geburt eines friedensstif-

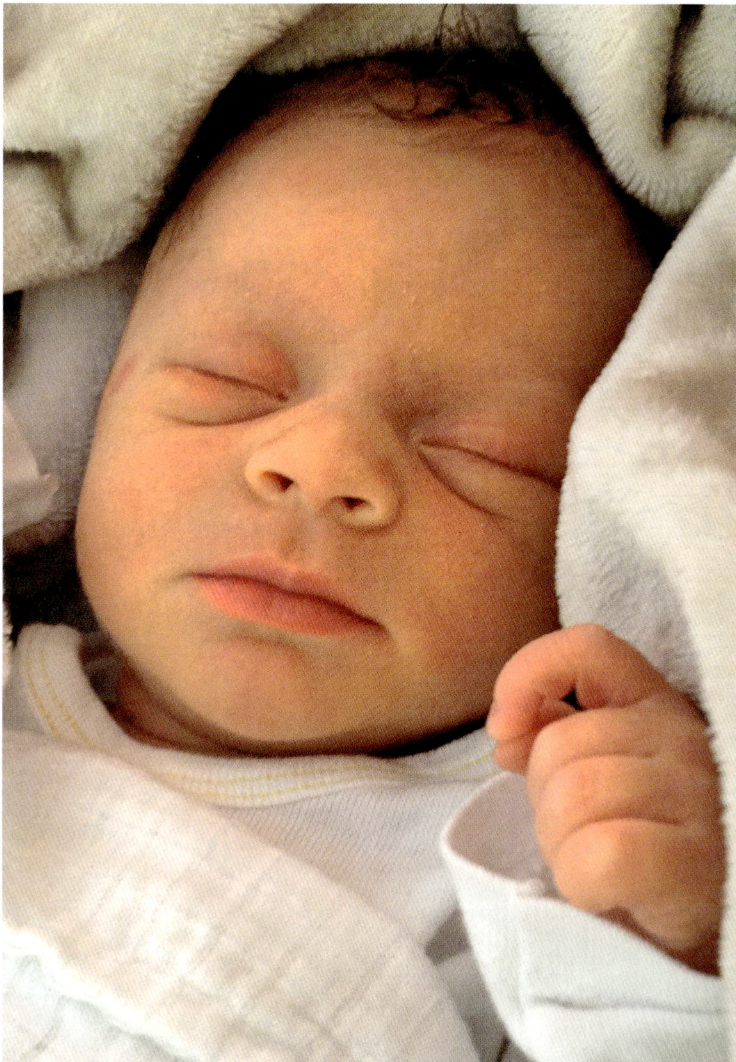

Nach der prophetischen Verheißung Jesajas kommt der Friede nicht durch Waffen und Kriege, sondern er ist verbunden mit der Geburt eines Kindes.

tenden Kindes nicht vergessen, sondern durch die Jahrhunderte weitergegeben, gegen allen Augenschein, gegen alle Stürme und Winde der Gewalt. Wir tun es selbst, wenn wir es in der Liturgie, aber auch persönlich lesen und hören.

Die Friedensbotschaft über Betlehem (Lk 2,1–14)

Das Evangelium der Heiligen Nacht verkündet, dass sich diese Hoffnung des Jesaja-Buches unerwartet und unglaublich in der Geburt des Kindes von Betlehem zu erfüllen begonnen hat. Wie bereits in der Lesung ist es wieder ein Geschehen voller Gegensätze. Da ergeht und steht der Befehl der römischen Weltmacht, des Kaisers Augustus, der seine Soldaten und seine politischen Vertreter im Land hat. Da wird erzählt von der Geburt eines Kindes einer kleinen, bedeutungslosen Familie eines Arbeiters, die unterwegs ist.

Die Geburt dieses Kindes, die von den Boten Gottes über Betlehem verkündet wird, garantiert gegenüber der Gewalt und dem Militär der Römer einen geschenkten göttlichen Frieden für die Welt: „Ehre, Verherrlichung für Gott in der Höhe und Friede auf Erden denen, die sein Wohlgefallen gefunden haben!"

Der Maßstab des Kindes als Weg zum Frieden

Wenn der Jesaja-Text den Zeichen des Krieges ein Kind gegenüberstellt, wenn Lukas der Ordnung der römischen Weltmacht die Botschaft des hilflosen, machtlosen Kindes von Betlehem entgegenhält, ist damit gewiss ein sehr unerwarteter Weg zum Frieden, ein wahrhaft göttlicher Maßstab des Friedens vorgezeichnet. Friede beginnt dort, wo Menschen nach dem Beispiel jenes Kindes aufhören, sich mit Gewalt durchzusetzen; wo sie bereit sind, etwas von ihrem Anspruch, von ihrem Standpunkt, von ihrer Selbstbehauptung zurückzunehmen; wo man Stimme und Anliegen der Kleinen und Schwachen, eben eines Kindes, hört und ernst nimmt. Das wäre gewiss der Weg zum Frieden für die Welt, besonders auch in Palästina selbst; der Weg auch für die Verantwortlichen in der Politik, nicht mit Gewalt und Macht über die Anliegen der Schwachen darüberzufahren, sondern die Stimme der Hilflosen und Kleinen ernst zu nehmen, ihnen zu Hilfe zu kommen. Es wäre auch der Weg, wie der Friede in den Familien beginnen kann; d. h. Auseinandersetzungen und Konflikte zwischen Partnern, zwischen Jung und Alt, Eltern und Kindern können und dürfen letztlich nicht dadurch gelöst werden, indem Menschen ihren Kopf durchsetzen durch Drohen, Erpressen oder gar mit Gewalt, sondern durch die Haltung eines kleinen, gewaltlosen Kindes, das den anderen wehrlos entgegenlächelt und vertrauensvoll entgegengeht.

Das Friedenslicht einer Kerze ist sehr empfindlich gegenüber dem Wind; auch der Friede ist höchst empfindlich gegenüber jedem Luftzug der Gewalt. Bewahren wir uns selbst und unsere Umgebung vor dem Luftzug der Grobheit, der Starrsinnigkeit und Härte in unserem Denken und Reden, in unserem Umgang miteinander.

Mühen wir uns um die Maßstäbe des Kindes bei Jesaja und im Weihnachtsevangelium, um Entgegenkommen, Offenheit und Vertrauen. Das wäre *das* Friedenslicht, von dem Jesaja spricht und das uns das Kind von Betlehem gebracht hat; das Friedenslicht, auf das die Welt wartet, vielleicht sogar Menschen neben uns.

Das weihnachtliche Friedenslicht wird von Haus zu Haus weitergetragen.
Das Licht der Kerze braucht behutsamen Umgang – ebensо der Friede.

„Tröstet, tröstet mein Volk“: Das Evangelium nach Jesaja 40–55

*Tröstet, tröstet mein Volk, spricht euer Gott. [2]Redet Jerusa-
lem zu Herzen und verkündet der Stadt, dass ihr Frondienst
zu Ende geht, dass ihre Schuld beglichen ist; denn sie hat
die volle Strafe erlitten von der Hand des Herrn für all ihre
Sünden.*
*[3]Eine Stimme ruft: Bahnt für den Herrn einen Weg durch die
Wüste! Baut in der Steppe eine ebene Straße für unseren
Gott! [4]Jedes Tal soll sich heben, jeder Berg und Hügel sich
senken. Was krumm ist, soll gerade werden, und was hüglig
ist, werde eben. [5]Dann offenbart sich die Herrlichkeit des
Herrn, alle Sterblichen werden sie sehen. Ja, der Mund des
Herrn hat gesprochen.*
*[9]Steig auf einen hohen Berg, Zion, du Botin der Freude! Erheb
deine Stimme mit Macht, Jerusalem, du Botin der Freude!
Erheb deine Stimme, fürchte dich nicht! Sag den Städten in
Juda: Seht, da ist euer Gott. [10]Seht, Gott der Herr, kommt mit
Macht, er herrscht mit starkem Arm. Seht, er bringt seinen
Siegespreis mit: Alle, die er gewonnen hat, gehen vor ihm her.
[11]Wie ein Hirt führt er seine Herde zur Weide, er sammelt
sie mit starker Hand. Die Lämmer trägt er auf dem Arm, die
Mutterschafe führt er behutsam.*

Jes 40,1–5.9–11

Es gibt Worte, Melodien, die uns manchmal einen Tag oder auch länger begleiten, in uns eindringen und uns prägen. Jes 40,1–11 ist eine der schönsten Melodien der ganzen Bibel, die uns nicht nur in den Tagen des Advents, sondern weit darüber hinaus begleiten könnte. Georg Friedrich Händel hat nicht umsonst seinen „Messias" mit diesem Text und der Melodie dazu unvergesslich eröffnet. Jes 40,1–11 ist Vorwort, musikalische Ouvertüre zu den Kapiteln 40–55 des Jesaja-Buches. Sie sollten dieses Kapitel 40 einmal geschlossen als Ganzes lesen. Geht es darin doch immer wieder um das, was der Anfang, die Verse 1–11, überaus schön und dicht zusammenfasst:

- um den Gott des Trostes und der Ermutigung;
- um die Botschaft von der Befreiung von Lasten der Vergangenheit;
- um Wegbereitung für den Weg des Herrn;
- um die Botschaft von Kraft und Bestand des schöpferischen Wortes Gottes;
- um den Auftrag an die Evangelistin Jerusalem.

Es ist eine ungeheure Dynamik, die darin enthalten ist: Aufträge, die ein Geschehen in Gang bringen vom Anfang bis zum Ende. Dass dabei vorerst gar nicht gesagt wird, wer spricht und wer angesprochen ist, macht den Text überaus offen, auch für uns selbst.

Der Gott des Tröstens für Jerusalem

Das Wort vom Trösten steht am Anfang und am Ende von Jes 40–55 (in Jes 40,1; 51,12 und 52,9) als Auftrag Gottes. Angesprochen sind die Menschen, die diese Botschaft nötig haben, nämlich das Volk Gottes und Jerusalem, denen zu Herzen geredet werden soll, ganz entgegen ihrer Verfassung, dem Eindruck, dass Gott sich nicht mehr um sie kümmert, dass er Jerusalem vergessen hat (Jes 40,27; 49,14). Diese Botschaft ist persönlich und herzlich: „Fürchte dich nicht, hab keine Angst" (Jes 41,10.13–14; 43,1.5). Jakob, Israel, ist Eigentum Gottes und wird mit Namen genannt (Jes 41,8; 43,1). Diese Anrede ist herzlich und zärtlich: „Wurm Jakob, Würmlein Israel" (Jes 41,14); „Du Ärmste, vom Sturm Gepeitschte, ohne Trost" (Jes 54,11). Gott verheißt: „Ich bin mit dir" in allen Nöten und Bedrohungen von Wasser und Feuer (Jes 43,1–2).

Befreiung von Lasten

Die Botschaft des Trostes ist nicht nur herzlich, sondern auch sehr konkret. Sie befreit von Lasten der Vergangenheit, von äußerer Knechtschaft in der Fremde und Verbannung: „Ich habe dich ausgelöst." (Jes 43,1; 41,14). Die Trümmer Jerusalems sollen nach dem Ende des Frondienstes jubeln (Jes 52,9).

Ein guter Hirt sorgt sich um das Wohlergehen seiner Herde. Daher bezeichnen alttestamentliche Texte Gott als guten Hirten, neutestamentliche Jesus.

Das tiefste Wort der Befreiung und des Trostes für die Menschen Jerusalems und Israels, das nur einer, nämlich Gott selbst, sagen kann, lautet: Die Schuld und Sünde ist getilgt; d. h. Gott wirkt dort, wo kein Mensch mehr mit seiner Macht hineinreicht. Es gehört zur Wirklichkeit des Gottes Israels, der da spricht: „Ich bin es, der um meinetwillen deine Vergehen tilgt.“ (Jes 43,25) „Ich fege deine Sünden hinweg wie eine Wolke, deine Vergehen wie einen Nebel.“ (Jes 44,22) Es ist ein Wort der Barmherzigkeit, dass Schuld wirklich vergeben und Vergangenheit wirklich vergangen ist, ein Wort, das den Weg in die Zukunft eröffnet.

Öffnung für den Weg des Herrn

Von den Menschen ist nur verlangt, dass sie sich dem Weg ihres Gottes öffnen, d. h. für sein Trösten, für sein Erbarmen, für seine Vergebung, um die Wüste ihrer eigenen inneren Wirklichkeit umzugestalten und das Unebene gegenüber Gott und untereinander zu beseitigen. So kann Gottes Herrlichkeit vor der Welt, vor den Völkern sichtbar werden, wie es immer wieder anklingt: Jes 52,9–11; 62,2; 66,18. Es liegt an Jerusalem und allen, die darin wohnen und diesen Namen für sich beanspruchen, ob die Welt die Herrlichkeit des Herrn sehen, erfahren und glauben kann.

Unser Leben wird manchmal mit dem Bild des Weges umschrieben. Jesaja ruft auf, die Wege für Gott zu bahnen und offen zu sein für sein Kommen.

Kraft und Bestand des schöpferischen Wortes

Es ist kein Wunder, dass sich bei den beauftragten prophetischen Boten Skepsis und Zweifel regen, ob dieser Auftrag auch Aussicht auf Erfolg hat, angesichts der Kurzlebigkeit und Schwachheit des Willens des Volkes und der Menschen: „Gras ist das Volk.“ (Jes 40,7)

Die Antwort lautet: Für das Gelingen des Planes Gottes, für Trost, Wegbereitung und Erneuerung des Gottesvolkes und Jerusalems ist im Letzten die Kraft und Beständigkeit des Wortes des Herrn selbst entscheidend. Sein Wort hat Bestand und Kraft gegenüber aller Müdigkeit, Kurzlebigkeit und Schwachheit der Menschen. Das ist die große Klammer um die ganze Botschaft des Trostes. Auch in Jes 55,10–11: Das Wort Gottes kehrt nicht leer zum Herrn zurück, sondern wirkt, wozu er es gesandt hat. Denn er ist der Einzige, der Erste und der Letzte, der Vergangenheit, Gegenwart und Zukunft in seiner Hand hat und darum auch die Bruchstücke einer zerbrochenen Geschichte zu einem Ganzen fügen kann. Und Macht und Treue dieses Einen sind nicht auf die Vergangenheit zu reduzieren. Sie gelten auch der Zukunft. Dieser Eine und Einzige ist auch der Gott des schöpferisch Neuen (vgl. Jes 42,9; 43,19). Darauf gibt es nur eine Antwort: „ein neues Lied“ (Jes 42,10).

Die Evangelistin Zion/Jerusalem

Diese Bewegung prophetischen Verkündigens und Tröstens des Wortes Gottes geht weiter bis zum Ziel: Zion/Jerusalem selbst soll nun Evangelistin, Frohbotin sein und von ihren Höhen ihrer Umgebung verkünden, dass der Herr in seiner Stadt, in seinem Volk, unter den Heimgekehrten wieder da ist (Jes 52,8). Zeichen dafür sind die Sorge und die liebevolle Führung Gottes für seine Menschen, für die, die seiner Zuwendung als Hirte ganz besonders bedürfen, die Lämmer und die Mutterschafe. Dies ist ein zurückhaltender Hinweis auf die Heimführung aus der Verbannung durch den Gott, der trägt und führt von der Vergangenheit auch in die Gegenwart und in die Zukunft; Jes 46,3–4 hat dies überaus berührend ausgesprochen.

Prophetische Botschaft im Advent ist nicht nur Rufen der Sehnsucht, der Leidenschaft: „Reiß doch den Himmel auf!“; „Tauet nieder den Gerechten!“ Prophetische Botschaft verkündet auch die Antwort Gottes selbst und ist Weitergabe dieser Trostbotschaft Gottes und seines Kommens. Ausgedrückt wird diese Herzlichkeit vor allem in Ton und Inhalt. Und das müssten auch die tragende Melodie, der Ton und der Inhalt der Verkündigung der Evangelistin in Zion und der Kirche sein.

Ist es auch die Melodie unseres Redens als Christinnen und Christen? Papst Franziskus hat dies in seiner Botschaft „Die Freude des Evangeliums“ sehr schön verwirklicht.

Markus beginnt sein Evangelium nicht umsonst mit einem Wort aus dem Beginn des Evangeliums nach Jesaja.

Evangelium vom Friedenskönig

Wie willkommen sind auf den Bergen die Schritte des Freudenboten, der Frieden ankündigt, der eine frohe Botschaft bringt und Rettung verheißt, der zu Zion sagt: Dein Gott ist König. [8]Horch, deine Wächter erheben die Stimme, sie beginnen alle zu jubeln. Denn sie sehen mit eigenen Augen, wie der Herr nach Zion zurückkehrt.
[9]Brecht in Jubel aus, jauchzt alle zusammen, ihr Trümmer Jerusalems! Denn der Herr tröstet sein Volk, er erlöst Jerusalem.
[10]Der Herr macht seinen heiligen Arm frei vor den Augen aller Völker. Alle Enden der Erde sehen das Heil unseres Gottes.

Jes 52,7–10

Es ist weitaus mehr als ein prosaisch nüchterner Ruf aufzuwachen, aufzustehen und Festtagskleider anzuziehen, den wir da in Jes 52,1–12 hören und lesen, sosehr dies auch für einen Festtag passen mag. Das Prophetenwort enthält und verkündet weitaus Tieferes:

- die Erinnerung an eine Frohbotschaft Gottes für die Stadt Jerusalem in einer mühsamen Stunde;
- eine Frohbotschaft, die wir in diesen Tagen aber auch vom Kommen des Kindes von Betlehem als König des Friedens für sein Volk und für die Welt verstehen dürfen;

- eine Frohbotschaft, die auch der Kirche und uns Christen für unsere Zeit aufgetragen und notwendig ist.

Frohbotschaft von der Erneuerung des Königtums des Herrn in Jerusalem

Es ist ein Evangelium, eine Frohbotschaft aus dem Trostbuch des Propheten in den Kapiteln Jes 40–55, die uns in den adventlichen Tagen immer wieder begegnen; ein Evangelium für die Bewohner der Gottesstadt Jerusalem, die Mühe gehabt hat zu glauben, dass Gott nach der Zerstörung sowie der Verschleppung der Führungskräfte und vieler Menschen ins Ausland tatsächlich daran ist, einen neuen Anfang zu setzen. Jes 49,14–15 war Ausdruck dieser Stimmung: „Der HERR hat mich verlassen, vergessen hat mich der Herr!" Gott hatte durch den Propheten darauf geantwortet, dass er noch über eine Mutter sein Kind nicht vergessen kann, ja es in seine Handflächen eingeritzt, eingezeichnet hat. Der Prophet wiederholt diese offenbar höchst dringende, notwendige Mahnung, die auch in Jes 51,9.17 zu hören, zu lesen ist. Zion soll sich endlich für das Fest rüsten, das bereits im Kommen ist, bei dem Gott das bisherige Geschehen völlig umkehrt: Die scheinbare Siegerin der Vergangenheit, Babylon, muss nun vom Thron, von der Weltherrschaft in den Staub (Jes 47,1–12). Zion darf und soll die Zeichen der Gefangenschaft, die Fesseln ablegen und sich selbst wieder auf den Thron setzen und entsprechend festlich kleiden. Das heißt, die Heimkehr aus der Gefangenschaft und der Neubeginn in der bisherigen Ruinenstadt (Jes 52,9) sind bereits im Gang.

Das Gottesvolk soll glauben, erkennen und erfahren, dass sein Gott immer noch und immer wieder derjenige ist, dessen Name „Ich werde da sein“ (Ex 3,14) gültig und wirksam bleibt, ganz gleich ob in Ägypten, in Assur oder in Babel (Jes 52,4–6).

Die Menschen der Gottesstadt sollen ihre Ohren öffnen und bereits die Schritte, vor allem aber die Stimme des prophetischen Freudenboten, des Evangelisten, hören: das Wort vom Frieden, die Frohbotschaft vom Guten und von der Rettung (vgl. Ps 53,7; 14,7). Das sind spürbare äußere Zeichen für das, was dahintersteht: „Dein Gott ist König geworden.“ (Jes 52,7) Die Menschen können und dürfen es neu erfahren, was sie selbst nicht mehr glauben konnten, was aber ihre Vorfahren stets gebetet (Ps 93–100) und die Propheten bis zur Stunde verkündet hatten, dass „der HERR der Heerscharen der König auf dem Zion ist“ (Jes 24,23; vgl. Jes 33,22; 43,15; 44,6). Die Menschen Jerusalems dürfen und sollen wieder einstimmen in ihr früheres Lob (Ps 98,1–6). Ihr Gott ist tatsächlich Herr über und gegenüber allen so genannten Mächten der Welt. Der Prophet betont nachdrücklich die persönliche Beziehung „*dein* Gott“. So soll ganz Jerusalem trotz der noch vorhandenen äußeren Ruinen jubeln können: Gott hat sein Volk aufs Neue getröstet und erlöst, d. h. tatsächlich etwas getan, was spürbar und erfahrbar ist; etwas,

Jesus zeigt die Qualität des Königtums Gottes in seiner Lebenshingabe auf:
Das Reich Gottes bringt Liebe, Gerechtigkeit, Geborgenheit, Trost und Freude.

was auch die Völker der Welt sehen und spüren, die Macht seines Armes (Jes 52,10). Was einst beim ersten Auszug aus Ägypten geschehen ist (Ex 13,21; 14,19), das geschieht wieder: die schützende Begleitung Gottes, von der seine Menschen umfangen und in der sie geborgen sind (Jes 52,12).

Der König des Friedens im Kind von Betlehem

Der Prophetentext ist aber mehr als bloße Erinnerung an ein Geschehen im Orient, das uns nichts mehr zu sagen hat. Wenn wir als Christen Weihnachten feiern, klingt vor allem im Lukasevangelium auf Schritt und Tritt die Botschaft durch, dass in der Geburt des Kindes von Betlehem das Evangelium des Jesaja-Textes unerwartet neu und ganz persönlich Wirklichkeit geworden ist: Gott hat uns im Kommen Jesu seinen königlichen Friedenskönig, seinen Erlöser, Befreier und Retter gesandt. Der Engel Gottes verheißt und verkündet Maria, dass Gott ihrem Sohn den Thron seines Vaters David geben wird, dass er König sein wird über das Haus Jakob in einer Herrschaft ohne Ende (Lk 1,31–33). Und Johannes, der prophetische Vorläufer dieses Königs, wird hinweisen auf dieses Licht Gottes, das die Menschen auf den Weg des Friedens führen soll (Lk 1,76–79).

Das Evangelium vom Weihnachtstag lässt den Glanz Gottes über dem Hirtenfeld aufleuchten und der Engel Gottes verkündet den Hirten die Geburt des Retters, des Gesalb-

Als Engel werden in der Bibel Mittlergestalten zwischen Gott und den Menschen bezeichnet. Sie verkündigen, begleiten und zeigen den Willen Gottes.

ten des Herrn, in der Stadt Davids in einem unscheinbaren neugeborenen Kind, über dem jedoch die ganze Schar der himmlischen Mächte und Boten das Gotteslob anstimmt und verkündet: „Gottes Herrlichkeit in der Höhe und Frieden für die Menschen seines Wohlgefallens." (Lk 2,13–14)

Bei der Darstellung Jesu im Tempel verkündet der greise Simeon das Kind, wie er es in seine Arme nimmt, als Erfüllung seines Lebens: „Meine Augen haben dein Heil gesehen, das du vor allen Völkern bereitet hast, ein Licht zur Erleuchtung der Heiden und zur Verherrlichung deines Volkes Israel." (Lk 2,28–32; vgl. Jes 52,10)

Weitertragen dieses Evangeliums vom Frieden

Aber auch die Erinnerung bei Lukas ist nicht das Letzte. Jes 52,1–12, die Frohbotschaft eines Propheten mit ihrem Ruf an Jerusalem und Zion, aufzuwachen und sich für ein Fest zu bereiten, bleibt ein Ruf, der auch für uns Christen, auch für die Kirche unserer Tage wichtig ist. Wir sollen nicht bloß auf die Weihnachtsgeschenke unter dem Christbaum schauen oder solche Geschenke dort hinlegen; wir sind selbst mehr als zu anderen Zeiten gerufen und beauftragt, den Menschen unserer Tage, unserer nächsten Umgebung etwas von der Frohbotschaft, vom Frieden des königlichen Kindes zu verkünden und erfahrbar zu machen. Und die Welt unserer Tage wartet mehr denn je auf glaubwürdige Worte und Zeichen der Kirche, dass in ihr jener Friede lebendig und wirksam ist, dass sie diesen Frieden glaubwürdig weitergibt.

Frohboten wie Jes 52,7–10, Friedensengel, große und kleine, Einzelne und Gemeinschaften, sind gefragter denn je! Wo und wie kann ich selbst einer sein?

Hoffnung – Erwartung

Das Reis aus der Wurzel Jesse

Doch aus dem Baumstumpf Isais wächst ein Reis hervor,
ein junger Trieb aus seinen Wurzeln bringt Frucht. [2]Der
Geist des Herrn lässt sich nieder auf ihm: der Geist der
Weisheit und der Einsicht, der Geist des Rates und der
Stärke, der Geist der Erkenntnis und der Gottesfurcht.
[3][Er erfüllt ihn mit dem Geist der Gottesfurcht.] Er richtet
nicht nach dem Augenschein und nicht nur nach dem Hö-
rensagen entscheidet er, [4]sondern er richtet die Hilflosen
gerecht und entscheidet für die Armen des Landes, wie
es recht ist. Er schlägt den Gewalttätigen mit dem Stock
seines Wortes und tötet den Schuldigen mit dem Hauch
seines Mundes.
[5]Gerechtigkeit ist der Gürtel um seine Hüften, Treue der
Gürtel um seinen Leib. [6]Dann wohnt der Wolf beim Lamm,
der Panther liegt beim Böcklein. Kalb und Löwe weiden zu-
sammen, ein kleiner Knabe kann sie hüten. [7]Kuh und Bärin
freunden sich an, ihre Jungen liegen beieinander. Der Lö-
we frisst Stroh wie das Rind. [8]Der Säugling spielt vor dem
Schlupfloch der Natter, das Kind streckt seine Hand in die
Höhle der Schlange. [9]Man tut nichts Böses mehr und begeht
kein Verbrechen auf meinem ganzen heiligen Berg; denn das
Land ist erfüllt von der Erkenntnis des Herrn, so wie das
Meer mit Wasser gefüllt ist.

10 An jenem Tag wird es der Spross aus der Wurzel Isais sein, der dasteht als Zeichen für die Nationen; die Völker suchen ihn auf; sein Wohnsitz ist prächtig.

Jes 11,1–10

In den adventlichen Tagen stecken Menschen oft ein Zweiglein in einen Krug, damit es zur Weihnacht aufblüht. Und in manchen Liedern ist davon die Rede, dass aus der Erde ein Blümlein hervorsprießen soll oder aus einer Wurzel ein Ros entsprungen sei. Diese Zeichen und Lieder sind inspiriert vom Text Jes 11,1–10, vom Reis aus dem Baumstumpf Isais. Das ist eine Botschaft der Verheißung und Hoffnung des Aufblühens, eine Botschaft von neuen Anfängen in Situationen scheinbaren Endes; von Anfängen auch in Jesus Christus und in der Kirche. Der Text beginnt eigentlich am Schluss von Kapitel 10 mit einem kraftvollen Bild vom Ende. Doch dieses Bild des Abholzens, des Schlägerns, bis nichts mehr steht, ist nicht das letzte, auch wenn es manchmal den Anschein hat, dass nur noch Ruinen und Wurzelstümpfe in Welt und Kirche übrig zu bleiben scheinen. Die Propheten als Boten Gottes für sein Volk konnten und wollten Gericht und Ende nicht ohne Hoffnung auf neue Anfänge denken. So ist auch in Jes 10 der Gott, der über stolze Wipfel und Kronen kommt, dass sie nicht in den Himmel wachsen, auch derjenige, der Wunder neuen Anfangs schenkt. Im Gottesvolk Israel hat mit dem Sohn Isais (= König David) ebenfalls in einer ernsten Krise oder gar am Ende ein solcher Anfang begonnen. Das heißt, Ende, Untergang und Gericht sind niemals die letzten Worte von Gott her. Der Stumpf und die Wurzel, der scheinbare Untergang, ist Ort des Neubeginns, Reis, Spross, der Frucht bringt.

Ende oder Anfang

Und dieses Geschehen ist Initiative, Geschenk und Werk des Geistes, der schöpferischen Dynamik Gottes, die sich auf dem Wurzelstumpf, auf diesem Reis auf Dauer niederlässt. Dies geschieht in der großen siebenfachen Fülle von Gaben. Es sind Gaben im Dienst der Führung und Leitung der Gemeinschaft, eines gerechten, menschenwürdigen, friedlichen Miteinanders, das von diesem Spross ganz unerwartet ausgeht. Es sind die wichtigen Gaben von Klugheit, Unterscheidungsgabe, Kraft zur Verwirklichung und Offenheit für Gott selbst, Gaben der Ehrfurcht und Demut. Und diese Gegenwart des Geistes des Herrn im Reis hat eine Strahl- und Wirkkraft, die um sich greift, hinein in den Raum der Schöpfung. Durch das Wirken des geisterfüllten Sprosses wird die Schöpfung als Lebensraum im Sinn Gottes wiederhergestellt: Es herrscht Friede zwischen Tier und Tier, zwischen Tier und Mensch, zwischen Gewalttätigen und Schwachen. Und das große Wunderbare besteht darin: Es geht nicht um Vernichtung der Feinde, sondern um das Ende der Feindschaft zwischen Menschen in der Kraft des Geistes Gottes.

Kahle Zweige, die nach der Winterpause tot aussehen, treiben im Frühling neu aus. Das Bild vom Baumstumpf Isais greift diese Erfahrung auf.

Eine andere Welt

Ein Gottesvolk auf Gottes heiligem Berg, in seinem Heiligen Land, das nichts Böses tut, sondern erfüllt ist von der Wirklichkeit und Erkenntnis Gottes, wird Ort, Berg und Volk der Anziehung Gottes wie in Jes 2,2–5. Denn dort wächst ein Stück einer anderen, von Gott ursprünglich geplanten Welt, die neu erfahrbar wird; eine Welt ohne Angst voreinander, ohne Gewalt in Gedanken, Worten und Taten gegeneinander. Wie schon am Beginn in Jes 2,2–5 kommt das Jesaja-Buch auch hier wieder zum Anliegen seines großen Zieles: Aus dem Wurzelstumpf von Gericht und Krise, aus dem Ende wächst neuer Anfang.

Bilder durchbrechender Kraft

Kein Wunder, dass die Kirche des Mittelalters dieses schöne Bild vom Reis aus Isais Wurzelstumpf verwendet hat, um in den Glasfenstern und Malereien der großen Kathedralen im Bild der Wurzel Jesse darzustellen und zu entfalten, was Christinnen und Christen seit den Anfängen in ihrer Begegnung mit Christus bei der Lektüre des Jesaja-Buches aufgegangen ist: Gott hat in der Geschichte mit seinem Volk in und mit Jesus durch alle Situationen von Gericht und Ende hindurch einen neuen hoffnungsvollen Anfang gesetzt. Er ist, so bekennen die Künstler in Farbe und Lied, die kostbare Frucht, die Blüte aus der Wurzel Isais, die erste Frucht der neuen Schöpfung, Frucht und Blüte aus dieser unserer Welt und Geschichte.

Die Dynamik dieses Geschehens ist nicht zu Ende, darf nicht zu Ende sein, der Geist des Herrn über Isais Wurzelstumpf, der Geist in diesem Spross, kann und wird immer noch und immer wieder Anfänge schenken und wirken, auch wenn wir oft nicht mehr wissen, wie es weitergehen kann in der Kirche, in der Welt, in uns selbst. Geben wir diesem Geist und der wunderbaren Kraft seines Blühens immer wieder Raum!

Der Vorgriff des Menschen und die Vorgabe Gottes: Adam, Eva und Maria

Gott, der Herr, rief Adam zu und sprach: Wo bist du? [10]Er
antwortete: Ich habe dich im Garten kommen hören; da
geriet ich in Furcht, weil ich nackt bin, und versteckte mich.
[11]Darauf fragte er: Wer hat dir gesagt, dass du nackt bist?
Hast du von dem Baum gegessen, von dem zu essen ich dir
verboten habe? [12]Adam antwortete: Die Frau, die du mir
beigesellt hast, sie hat mir von dem Baum gegeben und so
habe ich gegessen. [13]Gott, der Herr, sprach zu der Frau: Was
hast du da getan? Die Frau antwortete: Die Schlange hat
mich verführt und so habe ich gegessen.
[14]Da sprach Gott, der Herr, zur Schlange: Weil du das getan
hast, bist du verflucht unter allem Vieh und allen Tieren des
Feldes. Auf dem Bauch sollst du kriechen und Staub fressen
alle Tage deines Lebens. [15]Feindschaft setze ich zwischen dich
und die Frau, zwischen deinen Nachwuchs und ihren Nach-
wuchs. Er trifft dich am Kopf und du triffst ihn an der Ferse.
[20]Adam nannte seine Frau Eva (Leben), denn sie wurde die
Mutter aller Lebendigen.

Gen 3,9–15.20

Die Flügelaltäre gotischer Kirchen und die Darstellungen des Heilsgeschehens in den so genannten Armenbibeln des Mittelalters stellen immer wieder gerne Szenen des Alten Testaments und des Neuen Testaments gegenüber, die etwas vom Ganzen, vom Zusammenhang des Planes Gottes zeigen möchten. Die Liturgie der Tage des Advents schließt sich dieser alten Praxis an. Sie zeigt z. B. am großen Marienfest im Advent, am 8. Dezember, zwei Szenen, die eine vom Beginn der Bibel in Kapitel 3 des Buches Genesis, die andere vom Beginn des Lukasevangeliums. Diese Gegenüberstellung der Erzählung der ersten Menschen in ihrem Schuldigwerden und der Bereitschaft Mariens für den Ruf und Auftrag Gottes illustriert im Licht Gottes zwei ganz verschiedene Verwirklichungen des Menschseins im Licht des Glaubens, Verwirklichungen des Menschseins, die bis heute nichts von ihrer Realistik verloren haben.

In der Szene von Gen 3 begegnen uns Adam und Eva als Bilder des Menschen, der selbstmächtig den Vorgriff auf Gottes Gaben unternimmt – allerdings zu seinem Unglück.

Da ist das zweite Bild des Menschen, der in der Gestalt Mariens völlig von der Vorgabe, vom Geschenk der Gnade Gottes lebt.

Ein Blick auf diese zwei Szenen und Bilder lässt auch unser Menschsein sehr profiliert und tief hervortreten.

Adam und Eva – der eigenmächtige Vorgriff des Menschen

Das erste Bild von Gen 3 ist der Versuch, vom Glauben her auf die verworrene, vielfältig gebrochene, gestörte Wirklichkeit des Menschen zu blicken. Es ist eine bis heute faszinierende, tiefe und überaus wirklichkeitsnahe Botschaft über den Menschen, über seine Abgründe, die da entfaltet wird und bis heute gültig ist, für jeden Adam, für jede Eva.

Gen 3 ist kein Bericht, keine geschichtliche Erzählung, sondern der Versuch des Glaubens, den Menschen zu zeichnen, der nicht bereit ist, seine Existenz im „Gottesgarten", im Vertrauen, in der Nähe Gottes als Geschenk anzunehmen und Gott als Herrn des Gartens anzuerkennen.

Er will eigenmächtig, völlig autonom nur selbst bestimmen, was für ihn gut ist. Er will für sich selbst die Rolle Gottes übernehmen und darum jenes Leben in seiner Fülle und Harmonie, zu dem auch das Vertrauen, das Sich-Beschenken-Lassen von Gott gehört, nicht akzeptieren. Er lässt sich blenden vom Glanz der Geschöpfe und sich einreden, dass Gott auf ihn neidisch sei. Das steckt im Hören auf die Stimme der Schlange, im Griff nach der verbotenen Frucht vom Baum der Erkenntnis.

Gottes Frage „Wo bist du?" legt bloß, was dort geschieht, wo dieses Vertrauen auf Gottes Güte verloren geht: die Entdeckung seiner Nacktheit, seiner Armseligkeit, die Angst vor Gott, das Zerbrechen der Beziehung zum Mitmenschen, der immer wieder aktuelle Versuch, die Schuld abzuschieben und weiterzugeben, die Erfahrung einer schmerzhaft begrenzten Umwelt, vor allem aber das bleibend offene Einfallstor für die Stimme der Schlange mit ihrer Einladung zur radikalen Eigenmächtigkeit mit der Konsequenz der Beschädigung des Lebens.

Jeder Blick in die Zeitung, ins Fernsehen, in Biografien bestätigt die Realität und Realistik des Blickes von Gen 3.

Das sind die Versuche des eigenmächtigen Vorgriffs der Menschen, ihr Leben völlig autonom, selbstmächtig in den Griff zu bekommen (durch Medizin, Technik, Versicherungen usw.), selbst zu bestimmen, was ihm gut tut oder gut scheint; das sind die Versuche, von möglichst vielen Bäumen zu essen, die faszinieren. Solche Versuche gibt es auch unter uns Christen immer wieder, selbst in Klostergärten.

Es folgen darauf die Versuche, sich vor Gott und seiner Frage zu verstecken: „Wo bist du, was hast du getan?“ Das sind die Versuche, sich ein geschütztes Revier zu bewahren oder einzurichten, wo niemand dreinreden darf, auch Gott nicht. Denn der lebendige Gott könnte mit seinen Fragen immer wieder Unruhe in unser Leben bringen, auch in das Leben mancher Frommer, die vielleicht meinen, sie wüssten ohnehin selbst alles bestens, was Gott will.

Da gibt es bis heute – ja heute vielleicht mehr denn je – die Versuchung, auf Gottes Frage hin die Schuld nur weiterzuschieben, Sündenböcke zu suchen, in der Welt, in der Gesellschaft, in der Kirche oder ganz einfach beim Nachbarn, statt einmal ungeschützt vor Gott stehen zu bleiben und auch eigene Fehler einzugestehen.

Das heißt, die unselige Geschichte vom eigenmächtigen Griff des Menschen nach einem Leben ganz nach seinen eigenen Maßstäben und Vorstellungen geht mit großer Dynamik munter weiter, mit allen Konsequenzen, wenn wir nicht manchmal demütig innehalten und uns Gottes Fragen stellen: „Wo bist du? Was hast du getan?"

Maria und die Vorgabe Gottes

Doch das faszinierende, abgründige und realistische Bild der Wirklichkeit des Menschen, der durch die Überzeugung von seinem eigenen Wissen im Gottesgarten den Störungen und Gebrochenheiten das Tor geöffnet hat, ist nicht das einzige, vor allem nicht das letzte Bild der Bibel. Die Liturgie stellt neben Gen 3 am Marienfesttag im Advent ein zweites Bild: die Szene der Verkündigung, das Bild der Magd des Herrn, die ganz von Gottes Vorgabe geprägt ist, sie annimmt und aus ihr lebt (Lk 1,26–38).

Maria wird dort als eine Gestalt gezeichnet, die durch und durch vom Plan Gottes bestimmt ist, die Welt wieder zu einem Gottesgarten zu machen, indem er seinen Sohn in diese Welt hineinschickt, um sie zu heilen. Darum ist sie Bild, Gestalt, Zeichen des neuen Anfangs Gottes, ist sie die ganz und

Das Mosaik aus der Krypta der Dormitio in Jerusalem zeigt Maria, auf ihrem Schoß Jesus – schon im Bild des thronenden Weltenherrschers dargestellt.

gar, durch und durch, über und über Begnadete, durchdrungen und erfüllt vom Geist Gottes, von der Kraft Gottes. Mit dem großen Marienfest bekennt die Kirche, dass dies bereits vom Anfang ihres Lebens gilt.

Das Lukasevangelium sagt uns, dass Maria zu Gottes Vorgabe, zu seinem Plan mit ihr von Beginn an ihr Ja gesagt hat: „Siehe, eine Magd, eine Dienerin, eine Beauftragte des Herrn; mir geschehe nach deinem Wort!"

Als Antwort auf die Vorgabe Gottes hat sie ihr Ja auch im Voraus gegeben, ein Ja, dessen Tragweite und Größe sie in ihrem Leben Schritt für Schritt erst einholen und einlösen musste. Aus dem Voraus der Gnade, dem Voraus geschenkter Freiheit ist ein wirklich neues Ja des Annehmens, des Empfangens und des Glaubens geworden, ein Schritt zur Welt eines neuen Gottesgartens.

Anfänge für uns

Die zwei Bilder, die Gegenüberstellung des selbstmächtigen Menschen mit seinen unheilvollen Wirkungen zur Vorgabe, zum Neubeginn Gottes in Maria, sind Botschaft, Frohbotschaft für uns. Auch der Epheserbrief sagt dies immer wieder. Ein Geschenk wie der völlige Neubeginn der Existenz des Menschen durch die Gnade Gottes und in der Gnade Gottes bei Maria gilt uns allen. Gott hat nicht nur Maria, er hat uns alle voraus erwählt, voraus bestimmt, „in Jesus Christus seine Söhne und

Töchter zu werden, zum Lobpreis seiner herrlichen Gnade, mit der er uns begnadet hat im geliebten Sohn“ (Eph 1,5).

Er hat die Kette des Hineingezogenseins in diese Dynamik der Selbstmächtigkeit mit ihren unheilvollen Konsequenzen an einer Stelle bereits durchbrochen und einen Menschen ganz frei gemacht zum Empfangen, zum Hören, zum Glauben. Maria ist die hoffnungsvolle Gestalt des Neubeginns. Der Festtag ist ein Fest der Vorgabe des Schenkens, der Gnade Gottes, die all unserem Tun, unserem Leben vorausliegt.

Die Taufe eines Kindes, das selbst noch nichts dazutun kann, ist dafür ein kraftvolles, überaus schönes Zeichen, dass Gott im Voraus schenkt und annimmt, dass er am Anfang unseres Tuns steht mit seinem Geist und mit seiner Kraft.

Maria gehört zur Frohbotschaft des Advents. Sie erinnert an die geschenkten neuen Anfänge Gottes in der Welt, auch an seine Anfänge mit uns in der Taufe.

Wir brauchen uns darum vor Gott nicht zu verstecken; wir brauchen keine Angst zu haben vor seinen Fragen: „Wo bist du? Was hast du getan?“, denn der Gott, der sie stellt, ist der Gott der Freiheit, der Gott immer neuer Anfänge.

Offen für Gottes Segen

Der Herr sprach zu Mose: [23]Sag zu Aaron und seinen Söhnen:
So sollt ihr die Israeliten segnen; sprecht zu ihnen: [24]Der Herr
segne dich und behüte dich. [25]Der Herr lasse sein Angesicht
über dich leuchten und sei dir gnädig. [26]Der Herr wende sein
Angesicht dir zu und schenke dir Heil. [27]So sollen sie meinen
Namen auf die Israeliten legen und ich werde sie segnen.

Num 6,22–27

Es gibt Orte und Augenblicke, in denen Menschen plötzlich besonders spüren, dass das Leben ungeschützt und offen ist, offen, wie es weitergeht. Das kann für einen Wanderer oder Autofahrer bereits eine Abzweigung, eine Kreuzung in einer unbekannten Gegend, einer unbekannten Stadt sein, wo er hofft, die zielführende Richtung einzuschlagen. Das sind auch Augenblicke, Zeitpunkte, an denen die Zukunft offen ist, offen mit ihrem ganzen Gewicht: Das mag für Eltern die Geburt eines Kindes sein, in der ein Mensch seinen ungewissen Weg ins Leben beginnt. Das sind Augenblicke oder Stunden der Entscheidung für einen konkreten Weg oder Beruf. Das können für uns alle immer wieder Stunden des Abschieds sein, in denen wir einen Menschen seinem Weg überlassen müssen, der ihn von uns trennt, auf dem wir ihn nicht begleiten können.

Das sind Orte, Situationen und Augenblicke, in denen Menschen Wünsche aussprechen oder für einen Weg mitgeben, über den sie nicht verfügen, der ungewiss und offen bleibt. Viele von uns wissen vielleicht noch um das Kreuzzeichen mit Weihwasser, das die Eltern uns bei Abschieden mitgegeben haben, mit dem wir vielleicht selbst jemanden in einer solchen Stunde bezeichnet haben. So lächerlich auch manche Zeichen etwa zu Silvester und Neujahr scheinen (Anhänger, Talismane, ...): Menschen möchten ein Zeichen des Wunsches für gelingendes Leben setzen, über das sie nicht verfügen und bestimmen können, auch bei den nächsten und liebsten Menschen und Freunden nicht.

Im Israel-Museum in Jerusalem sind zwei kleine Silberröllchen ausgestellt, die bei Grabungsarbeiten 1986 in einer Grabanlage im Hinnomtal in Jerusalem gefunden wurden. Auf einem dieser Röllchen steht der fast vollständige Text von Num 6,22–27. Man hat den Verstorbenen dieses schöne Segenswort zum Abschied für ihren Weg mitgegeben!

Es ist der Mühe wert, über den Neujahrstag hinaus das biblische Wort vom Segen zu bedenken und an besonderen Stationen anklingen zu lassen.

Segen für Aufbruch und Abschied

Segnen, Segen, ein Segenswort kann Wunsch für Gelingen und Fülle des Lebens sein, das nur einer, Gott selbst, schenken und garantieren kann und das in der Bibel in Stunden des Aufbruchs und des Abschieds begegnet.

So steht es als großes Wort der Verheißung über dem Aufbruch Abrahams (vgl. Gen 12,2–3) in eine ungewisse Zukunft, in ein Land, das nicht genannt ist. Abraham soll ein Segen für die anderen sein; mit Berufung auf ihn sollen sich alle Familien der Erde Segen wünschen und zusprechen. Ja, der Herr selbst wird alle segnen, die sich zu seinem Anfang, zu seinem Plan mit Abraham bekennen. Eine Geschichte, eine Bewegung des Segens, nimmt ihren Anfang.

Dieser geheimnisvolle, nicht erzwingbare Segen Gottes begegnet auch in der Geschichte Jakobs in ihrer ganzen Unbegreiflichkeit, ihrem Ineinander von krummen, menschlichen Wegen Jakobs und dem ganz unerwarteten Segen Gottes für den Betrüger und den Betrogenen. Es ist allerdings ein Segen, der Jakob nicht einfach in den Schoß fällt, sondern einer, um den er mit Gott selbst ringen muss: „Ich lasse dich nicht, wenn du mich nicht segnest" (Gen 32,27), ein Segen, der ihm erst am Schluss geschenkt wird und der auch Spuren des Ringens, der Verwundung hinterlässt.

So gibt es die großen Segenstexte der Bibel, den Segen Jakobs über seine Söhne vor seinem Tod (Gen 49,1–27), den Segen des Mose über die zwölf Stämme (Dtn 33,6–25), Worte der Bitte, Gott möge die Geschichte seines Segnens für sein erwähltes Volk, für seine Menschen durch alle Wirrnisse hindurch zu einem guten Ende weiterführen.

Licht vertreibt die Dunkelheit und leuchtet unsere Wege aus. Das aufstrahlende Licht wird so auch Bild für das Erscheinen Gottes in der Welt.

Segen im Gottesdienst

Was Menschen einander in Stunden des Aufbruchs und des Abschieds gewünscht und von Gott füreinander erbeten haben, das ist auch zu einem wichtigen Akt und Geschehen des Gottesdienstes geworden. Priester, Beauftragte, sollten das Wort des Segens, die Bitte um gelingendes, erfülltes Leben am Heiligtum, im Gottesdienst für alle Menschen weitergeben, die es wünschen und erbitten. So ist der Segen von Mose und Aaron in Lev 9,22–24 das erste feierliche Geschehen zum Abschluss der Priesterweihe Aarons und des ersten Opfers. Dieser Segen begegnet ausformuliert im Lesungstext aus dem Buch Numeri und wurde übrigens auch vom heiligen Franziskus übernommen. Der Text ist eine überaus dichte feierliche Zusammenfassung der Segenspraxis beim Gottesdienst am Tempel, aber auch der Segenswünsche der Menschen im Laufe der Geschichte des Gottesvolkes.

Es ist der Auftrag des Herrn, der am Beginn und am Ende steht (Num 6,22.27). Segnen, d. h. gelingendes Leben schenken, kann im letzten nur Gott selbst, der Menschen mit diesem wirksamen Wort beauftragt. Dreimal steht dieser HERR darum auch am Beginn der Segenswünsche. Dieser Segen des Herrn, so wird es entfaltet, bedeutet bewahren, behüten und schützen; Gott ist die bergende, schützende größere Wirklichkeit, die in vielen Bildern (Zuflucht, Felsen, Burg) zum Ausdruck

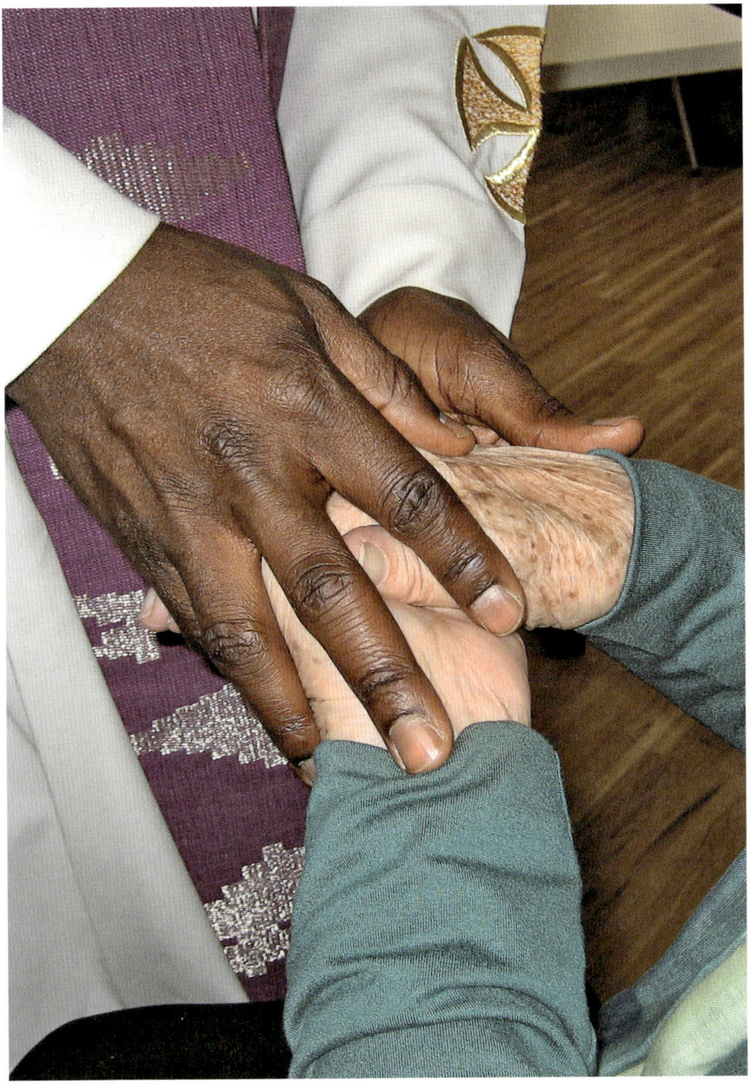

Wie wohltuend sind Hände, die wir in einer segnenden Geste spüren dürfen.
Sie vermitteln etwas von der Zuwendung Gottes zu uns Menschen.

kommt. Er segnet auch das Kommen und das Gehen (vgl. Ps 121).

Der Herr lässt sein Angesicht über dem Menschen leuchten, d. h. er ist die Sonne, das Gestirn, das Licht über unserem Leben, ein Licht, das nicht gnadenlos und unbarmherzig ist, sondern Gnade, Erbarmen, Orientierung durch dunkle, mühsame Wege bedeutet.

Der Herr ist es auch, so das dritte Mal, der uns sein Angesicht zuwendet, ganz persönlich, und uns durch diese Zuwendung Frieden schenkt, Schalom, d. h. das Gelingen des Ganzen, die Fülle von Gesundheit, Leben, Erfüllung, Frieden und Heil. Es ist der Herr, dessen Name, Wirklichkeit und Gegenwart auf die Besucher des Heiligtums gelegt werden sollen.

„Und ich werde sie segnen" – das ist die große Klammer um dieses Wort des Priesters; Gott sagt sein Ja, sein Wort und seine Zusage des Gelingens zu den Menschen. Sie sollen mit diesem Wort, mit dieser Verheißung vom Gottesdienst und vom Tempel Abschied nehmen, hinausgehen, wie wir es im kirchlichen Abendgebet an Feiertagen im Psalm 134 so schön beten, erbitten und als Zusage hören: „Erhebt eure Hände zum Heiligtum und preist den Herrn! Es segne dich der Herr von Zion her, der Himmel und Erde gemacht hat." (Ps 134,2–3)

Der umfassende Segen Gottes über Schöpfung und Vollendung

Menschlicher Segen ist aber nicht nur Bitte und Wunsch, die wir in Gottes Hände legen; er ist, so sagt es uns der Beginn unserer Bibel, nicht nur Erfüllung seines Auftrags, er ist im Letzten die Fortsetzung dessen, was Gott selbst bereits getan hat. Er hat über seine Schöpfung, vor allem über das Lebendige, über Menschen und Tiere, sein Segenswort gesprochen, das Wort des Lebens, des Wachsens, des Gedeihens, der Fülle. Und er hat den Tag der Vollendung, den siebten Tag, gesegnet, dem alles zugeht (Gen 2,3). Gott selbst hat schon über den Beginn sein mächtiges und gutes Wort des Gelingens gesprochen.

So sind unsere Bitten und Segenswünsche an vielen unabsehbaren offenen Stellen unserer Zeit und unseres Lebens Bitten darum, dass sein Wort weiterhin gültig bleibt, das Wort „Ich werde sie segnen." (Num 6,27)

Unsere Bitten und Wünsche des Segens sind Ausdruck des Vertrauens und der Hoffnung, dass er zu seinem Segenswort des Anfangs und auch zum Segenswort der Vollendung steht.

Wir haben allen Grund zu dieser Hoffnung. Denn das Evangelium sagt uns in einem kurzen Satz „Sie gaben ihm den Namen Jesus." (Lk 2,21) In ihm hat Gottes Segen leibhaftige, bleibende Gestalt gewonnen.

Anfänge Gottes in Betlehem

Aber du, Betlehem-Efrata, so klein unter den Gauen Judas, aus dir wird mir einer hervorgehen, der über Israel herrschen soll. Sein Ursprung liegt in ferner Vorzeit, in längst vergangenen Tagen. [2]*Darum gibt der Herr sie preis, bis die Gebärende einen Sohn geboren hat. Dann wird der Rest seiner Brüder heimkehren zu den Söhnen Israels.* [3]*Er wird auftreten und ihr Hirt sein in der Kraft des Herrn, im hohen Namen Jahwes, seines Gottes. Sie werden in Sicherheit leben; denn nun reicht seine Macht bis an die Grenzen der Erde.* [4]*Und er wird der Friede sein.*

Mi 5,1–4a

In unserer Advent- und Weihnachtsliturgie begegnen uns Namen und Orte, die äußerlich verhältnismäßig klein, aber weit über den Kreis der christlichen Gemeinden hinaus bekannt und aktuell geblieben sind. Von ihnen würde kein Mensch reden, keine Zeitung schreiben, kein Fernsehen Bilder bringen, gäbe es nicht die Bibel Israels und die Bibel der Christen mit Erstem und Neuem Testament: Ein solch aktueller Name ist Betlehem, in der Nähe von Jerusalem, eine Stadt, ein Ort ungeheurer Gegensätze und Spannungen. Es ist der Ort der Erinnerung an die Szene der Geburt eines Kindes mit der Friedensbotschaft der Engel auf dem Hirtenfeld – doch derzeit ist es eine Stadt der Mauern vor allem für die einheimischen Bewohner. Das Wort und der Ort Betlehem bleiben bis zur Stunde Ort und Zeichen der Hoffnung, dass dort selbst das Friedenslicht sich einmal durchsetzt und zum Leuchten kommt.

In unserem Text aus dem Prophetenbuch Micha begegnet der Name Betlehem als kleine Stadt, in der Gott unerwartet neue Anfänge setzt. Micha erinnert Menschen des Gottesvolkes daran, dass das Wort und der Ort Betlehem bereits Zeichen und Hinweis auf immer neue, kleine, unscheinbare sowie unerwartete Anfänge Gottes in der Geschichte seines Volkes gewesen sind, Zeichen seiner Treue, Zeichen seines Planes für Frieden und Leben.

Es lohnt sich, einige Stationen Gottes mit diesem Betlehem vor allem in der Bibel Israels, in der Bibel Jesu, ein wenig zu verfolgen.

Rut, Obed, Isai und David: Erste ungewöhnliche Anfänge

Wenn wir die Bibel aufschlagen, begegnet uns Betlehem zum ersten Mal nachdrücklich im Büchlein Rut, der provozierenden Erzählung von der Ausländerin Rut aus dem in Israel als Feind betrachteten und abgelehnten Volk der Moabiter. Ausgerechnet diese Ausländerin begleitet ihre Schwiegermutter nach einer Hungersnot wieder zurück in deren Heimat Betlehem, ergreift dort die Initiative und wird durch eine Heirat zur Mutter Obeds, des Großvaters Davids in Betlehem. Ein erster, sehr außergewöhnlicher, weitreichender Anfang im bis dahin ziemlich unbekannten Betlehem – eine Ausländerin steht am Beginn des Rufes dieser Stadt.

Mit David, dem Urenkel dieser Ausländerin, beginnt in Betlehem eine Geschichte, die Glaubende später im Blick zurück als Plan Gottes für sein Volk verstehen konnten, als Zeichen der Treue zu seinen Verheißungen. Und so haben sie in der Verheißung des Propheten Natan für diesen David aus Betlehem den Glauben an Gottes Verheißungstreue weitergegeben, durch alle Menschlichkeiten, Krisen und Untergänge hindurch.

Davidische Anfänge im Jesaja-Buch

Das Jesaja-Buch, das uns im Advent begleitet, ist wohl das schönste Beispiel, dass und wie dieser Glaube an Gottes Neuanfänge durch einen Nachkommen Davids aus Betlehem weitergewirkt hat.

Da wäre die adventliche Verheißung der Geburt eines Kindes, das mitten in der Bedrängnis und der gewiss menschlich-politischen Reaktion des Königs Ahas durch seinen Namen Immanuel zeigen soll, dass Gott mit dem Haus Davids ist und sich über alle politischen Machtspiele hinweg als der Gegenwärtige und Stärkere erweisen wird.

In der Heiligen Nacht hören wir das Wort, dass ein neugeborenes Kind, ein königliches Kind, Licht in die Dunkelheit bringen und das Getrampel, den Marschtritt der Soldatenstiefel beenden und auf einem Thron der Gerechtigkeit regieren wird (Jes 9,1–6). Schon am Beginn des Advents haben wir die Fortsetzung dazu aus Jes 11,1–10 gelesen, dass die Geschichte Gottes mit seinem Volk durch einen Nachkommen Isais aus Betlehem ganz neu und bescheiden wieder beginnen soll: Aus dem Wurzelstumpf, in einer Stunde des Endes, wird aus Isais Wurzel ein neues, kleines Zweiglein wachsen, das Frucht bringt durch die Kraft der Gaben des Geistes Gottes, die der Gerechtigkeit dienen; ein Wunder des Miteinanders höchster Gegensätze, weil der Geist die ganze Gemeinschaft ergreift und Menschen aus der Völkerwelt dorthin ziehen, weil das ganze Land von diesem Geist und seiner Kraft ergriffen ist.

Betlehem bei Micha

Der Text aus dem Micha-Buch stammt wohl schon aus der Zeit nach dem Ende des davidischen Königtums. Er ist Zeichen und Bestätigung, dass glaubende Menschen im Gottesvolk die Verheißungen Jesajas von einem Reis aus Isais Wurzeln, d. h. aus den Wurzeln in Betlehem, nicht vergessen haben. Und so lesen wir es auch bei Micha nach einer Situation der Not, der Bedrohung und der Preisgabe der Gottesstadt; da werden sich die unerwarteten Anfänge Gottes in Betlehem wiederholen. Da gibt es einen kleinen, unbemerkten Neubeginn: „Du Betlehem … klein und gering." Der Ort, die Stadt, ist klein wie einst bei David, dem Sohn Isais in Betlehem, klein wie ein Reis aus dem Wurzelstumpf Isais (Jes 11). Bei Micha ist keine Rede von der Hauptstadt Jerusalem, auch nicht von einem König, sondern von einem Regenten, der ein Hirt ist, der seine Menschen weidet. Es ist ein Geschehen der Treue „wie in den Tagen der Vorzeit", d. h. Gott steht zu seinen Anfängen, er lässt sie nicht versickern, nicht im Sand der Geschichte verlaufen. Es ist Gottes Kraft, die Wirklichkeit seines Namens, die dahintersteht. Vor allem: Dieser unbemerkte, unverhoffte, kleine Anfang in Betlehem bedeutet Frieden, Heil, Leben: „Dies(er) wird Friede sein" (Mi 5,4), so lesen wir es großartig am Schluss des Textes.

Das Betlehem der Geburt (Lukas) und das Betlehem der Weisen (Matthäus)

Die Evangelisten Matthäus und Lukas sind Zeugen, dass man im Gottesvolk die Erinnerung, die Botschaft von kleinen, aber höchst überraschenden Anfängen Gottes in Betlehem und Gottes Treue zu diesen Anfängen nicht vergessen konnte. Der Glaube hat sie lebendig gehalten, weitergetragen und das Bekenntnis geweckt: In der Geburt,

Ein Stern symbolisiert in der Geburtsgrotte in Betlehem das Kommen Gottes zu uns Menschen – Zeichen für Jesus, Fixstern für Christen.

im Kommen Jesu ist wieder ein solch neuer, äußerlich unscheinbarer Anfang Gottes für seine Menschen geschehen. Josef aus dem Haus und Geschlecht Davids aus Betlehem reist mit Maria nach Betlehem und Jesus wird dort geboren, eine Bestätigung, dass Gott seinen Verheißungen der neuen Anfänge treu geblieben ist. So betont es der Evangelist nachdrücklich: „In der Stadt Davids, die Betlehem heißt." (Lk 2,4) Und dieses Betlehem ist auch Ziel der Reise der Weisen; Matthäus bringt ausdrücklich Mi 5,1 in Erinnerung und zeigt, dass dort das Zeichen aus der Wurzel Isais auch für die Welt der Völker zu finden ist für einen Neubeginn einer Welt der Gerechtigkeit und des Friedens. Der Stern weist darauf hin, dass die Anfänge des Heils und des Friedens auch für die Welt in Betlehem zu finden sind (vgl. Mt 2,5–6).

Betlehem hier und heute

Betlehem ist und bleibt höchst aktuelle Adventbotschaft, weit über die Grenzen der Kirche hinaus: Botschaft von einem Gott der kleinen, unscheinbaren, unerwarteten Anfänge auch heute in der Kirche, in der Welt, in uns selbst, wie mit der Ausländerin Rut, mit Isai und seinem Sohn David.

Betlehem ist auch Herausforderung und Auftrag, diese Botschaft von Gottes Treue zu seinen Anfängen weiterzutragen, wie Jesaja, wie Micha, wie die Evangelisten.

Wir müssen uns allerdings beugen und bücken, um diese Botschaft wahrzunehmen, zu bemerken und zu verstehen. Denn die Anfänge Gottes waren und sind klein, unscheinbar, immer wieder unerwartet. Nicht umsonst ist das Tor, der Eingang zur Geburtskirche in Betlehem, zum Ort jener Anfänge sehr niedrig! Möchten sich doch auch die Großen und Mächtigen unserer Tage ein wenig bücken zum Blick auf solche notwendigen lebensspendenden Anfänge wie in Betlehem!

Jubel – Herzensfreude

Wunder unterwegs zum Zion

Die Wüste und das trockene Land sollen sich freuen, die
Steppe soll jubeln und blühen. 2Sie soll prächtig blühen wie
eine Lilie, jubeln soll sie, jubeln und jauchzen. Die Herrlich-
keit des Libanon wird ihr geschenkt, die Pracht des Kar-
mel und der Ebene Scharon. Man wird die Herrlichkeit des
Herrn sehen, die Pracht unseres Gottes.
3Macht die erschlafften Hände wieder stark und die wan-
kenden Knie wieder fest! 4Sagt den Verzagten: Habt Mut,
fürchtet euch nicht! Seht, hier ist euer Gott! Die Rache Got-
tes wird kommen und seine Vergeltung; er selbst wird kom-
men und euch erretten.
5Dann werden die Augen der Blinden geöffnet, auch die Oh-
ren der Tauben sind wieder offen. 6Dann springt der Lahme
wie ein Hirsch, die Zunge des Stummen jauchzt auf. 10Die vom
Herrn Befreiten kehren zurück und kommen voll Jubel nach
Zion. Ewige Freude ruht auf ihren Häuptern. Wonne und
Freude stellen sich ein, Kummer und Seufzen entfliehen.

Jes 35,1–6a.10

Faszinierende Worte und Bilder der Propheten stellen uns immer wieder vor die Frage, was denn die Wahrheit dieser Texte für uns bedeutet, ob sich das auch für uns noch ereignet und gültig ist. Solche großartigen Bilder und Texte sprengen immer wieder die Horizonte und Erfahrungen unserer kleinen Welt, unserer begrenzten Wirklichkeit und möchten sie verwandeln. Es sind Botschaften für Menschen, die es offenbar nötig gehabt haben, dass ihnen gesagt worden ist: Eure kleine, enge, banale, oft trostlose Wirklichkeit ist nicht alles. Mit dem Blick auf Gott hin spricht das Kapitel Jes 35 vom Wunder der Wandlung der Wüste:

- vom Wunder der Wandlung sowie der Befreiung des Menschen;
- vom Wunder der Vollendung der Wege in die Stadt Gottes.

Wandlung der Wüste

Das Bild von der Wüste fasst Erfahrungen beim Unterwegssein des Gottesvolkes Israel zusammen: den Weg aus der Knechtschaft Ägyptens durch die Wüste ins verheißene Land, den Weg aus der Gefangenschaft in Babylon durch die Wüste zurück nach Jerusalem, aber auch Erfahrungen einzelner Menschen. Wüste wird ein Bild für die sich selbst überlassene Welt, für die sich selbst überlassenen Menschen, die die Welt auch füreinander oft zur Wüste machen, zu einem Ort des Schweigens und des Todes, wo nichts mehr wächst: „Die Welt, ein Tor zu tausend Wüsten stumm und kalt“ – so hat es wahrscheinlich aus schmerzlichen eigenen Erfahrungen *Friedrich Nietzsche* einmal sehr eindringlich formuliert.

Doch Gott kann und will, so der Jesaja-Text, für sein Volk diesen Ort des Todes aufsprengen und verwandeln in einen Ort des Jubels. Ein Wort, das sich vom Anfang bis zum Ende durch den Text zieht: Nicht Stummheit, sondern Freude und Jubel sind das Ziel des Herrn für seine Menschen. Es ist der Jubel darüber, dass dieser unheimliche, gefährliche Weg, dieser Weg der Unfruchtbarkeit und Dürre, wieder ein Weg wird, an dem es grünt und blüht, ein Ort des Lebens, an dem Quellen aufbrechen (vgl. Ps 114; 126).

Gott kann und wird für seine Menschen mitten in der Wüste, in den Wüsten des Gottesvolkes, auch in den Wüsten des Einzelnen und der Welt, immer wieder seine Herrlichkeit sichtbar und erfahrbar werden lassen: im Jubel, im Wachsen und Blühen, neu und unerwartet.

Wandlung des Menschen

Da es weithin der Mensch ist, der die Welt zur Wüste der Unfruchtbarkeit, der tödlichen Stille macht, muss die Wandlung der Wüste auch und vor allem mit dem Menschen zu tun haben. Tatsächlich steht in der Mitte unseres Textes auch die Botschaft von einem neuen, schöpferischen Wirken Gottes am Menschen selbst, von einer Wandlung des Menschen. Verängstigten und Verstörten soll gesagt werden: Fürchtet

Die Wüste beginnt zu blühen, sobald der Boden Wasser bekommt. Diese Erfahrung wird zum Bild für das Handeln Gottes, der Heil schenkt.

euch nicht! Und das Volk Gottes, das von den vielen mühsamen Wegen kraftlos und müde geworden ist, soll selbst wieder zu einer Gemeinschaft lebendiger Menschen werden. Darum die Wandlung, Aufrichtung und Heilung des ganzen Menschen in all seinen Dimensionen: vom Herz zu den Füßen und Händen, zu Ohren, Augen, Mund und Zunge.

Der lahme, kraftlose, taube, blinde und stumme Mensch, ein trauriges Bild der Wüste, soll aus seiner Gebundenheit, Isolation, Wahrnehmungslosigkeit und Stummheit befreit werden zum Gehen, zur Kommunikation und zum Jubel. Gottes Kommen, seine Herrlichkeit, besteht darin, dass das Gottesvolk und jedes Mitglied in ihm frei, ganz und lebendig wird.

Das Wunder der Vollendung des Weges

Diese Wandlung der Wüste zum Ort des Lebens, die Wandlung des Menschen, hat in unserem Jesaja-Text ein großes letztes Ziel: Das Gottesvolk soll aus aller Zerstreuung und Fremde, die im Text angedeutet ist, durch alle Gefährdungen hindurch heimkehren zum Ziel aller Wege Gottes im Bild des Zion, der heiligen Stadt Gottes. Das heißt, Gott hat eine große Vision für sein Volk, wie auch andere Jesaja-Texte zeigen: Jerusalem, der Zion, seine heilige Stadt, ist Ort und Ziel aller Pilgerschaft, ein Ort der Gemeinschaft, der Offenheit, der Gerechtigkeit und des Friedens (Jes 2,2–5; 60).

Der Jubel der Wüste am Anfang (Jes 35,1), die Verwandlung der Welt, der Jubel des gewandelten und befreiten Menschen (Jes 35,6), vollendet sich im Jubel der Befreiten, die zum Zion kommen.

Wunder heute

Das Gottesvolk hat solche Texte seiner Propheten nicht nur einmal gehört, sondern aufgezeichnet und weitergetragen als Botschaft der Ermutigung, sich immer wieder in allen Wüstenerfahrungen, in aller Fremde hineinzustellen in den großen und unendlich weiten Horizont Gottes. Auch wir sind eingeladen, uns immer wieder auf diesen Weg zu machen im Glauben an die Wunder Gottes an uns und in uns. Und die Evangelien bestärken uns im Vertrauen, dass Jesus auch heute hilft, Menschen aus der Wüste ihrer Einsamkeit herauszuholen, sie zu berühren und zu wandeln, offen zu machen für Gott, füreinander, offen für den Jubel schon unterwegs und letztlich am Ziel.

Die Frohbotschaft eines Propheten und die Freude der Gemeinde

*Der Geist Gottes, des Herrn, ruht auf mir; denn der Herr
hat mich gesalbt. Er hat mich gesandt, damit ich den Ar-
men eine frohe Botschaft bringe und alle heile, deren Herz
zerbrochen ist, damit ich den Gefangenen die Entlassung
verkünde und den Gefesselten die Befreiung, [2]damit ich ein
Gnadenjahr des Herrn ausrufe.*
*[10]Von Herzen will ich mich freuen über den Herrn. Meine
Seele soll jubeln über meinen Gott. Denn er kleidet mich in
Gewänder des Heils, er hüllt mich in den Mantel der Ge-
rechtigkeit, wie ein Bräutigam sich festlich schmückt und
wie eine Braut ihr Geschmeide anlegt. [11]Denn wie die Erde
die Saat wachsen lässt und der Garten die Pflanzen hervor-
bringt, so bringt Gott, der Herr, Gerechtigkeit hervor und
Ruhm vor allen Völkern.*

Jes 61,1–2.10–11

In den Tagen des Advents führt uns die Liturgie intensiver als sonst hinein in die Begegnung mit der Botschaft der Propheten in ihrer Spannung und Weite. Da gibt es den leidenschaftlichen Ruf Jes 63,19: „Reiß doch den Himmel auf und steig herab“; da hören wir den Aufruf zur Frohbotschaft: „Tröstet, tröstet mein Volk.“ (Jes 40,1) Da gibt es aber kaum eines der scharfen Worte der Kritik der prophetischen Boten wie in fast allen ihren Schriften.

Prophetenbotschaft ist offenbar stets neu Botschaft von dem, worauf Menschen warten, was sie gerade notwendig brauchen. Das heißt, ihre Botschaft kommt aus dem Hören, dem sorgsamen Hören auf Anliegen und Nöte der Menschen ihrer Stunde, sie ist aber zugleich Hören auf den Ruf und Auftrag Gottes. Jes 61,1–11 ist solch ein berührendes Zeugnis des Hörens auf die Nöte der Menschen, aber auch auf den Ruf und Auftrag Gottes, wie er bereits vorher im Wort Gottes, im Wort der Schrift, vorliegt.

Der Jesaja-Text ist zugleich Zeugnis der Dynamik und Wirkkraft eines solchen Wortes. Nicht umsonst wird im Lukasevangelium (4,16–19) die erste Predigt Jesu in seiner Heimatstadt Nazaret mit Worten aus diesem Text von Jes 61,1–2 begonnen. Das heißt, es wird sich auch für uns lohnen, diesen Text auf uns wirken zu lassen und bei ihm zu verweilen.

Ein hörender, lesender und meditierender Prophet

Was wir beim Lesen und Meditieren des Textes tun, das hat bereits der Verfasser unseres Textes selbst tief und intensiv getan. Er zeigt uns dadurch, was Prophetsein bedeuten kann: nicht einfach irgendein scharfes Wort in eine Gemeinschaft hineinwerfen, die Zukunft voraussagen oder etwas androhen.

Wir begegnen in diesem Text einem Menschen, der auf Probleme seiner Mitglaubenden gehört hat, aber zugleich auf die ihm schon überlieferte Botschaft von Schriften und Worten seiner Vorgänger und besonders der Tora, der Weisung Gottes.

Wir spüren, dass seine Zuhörer Menschen waren, die mit dem angekündigten und geforderten Neubeginn nach der Heimkehr aus dem Exil ihre Mühe hatten; sie spürten noch wenig vom verheißenen Neuanfang. Da gab es noch Trümmerhaufen, da gab es auch viele, sehr mit sich selbst beschäftigte Menschen, die nicht glauben konnten, was ihre Vorgänger in der Trostbotschaft verkündet hatten: „Tröstet, tröstet mein Volk, spricht euer Gott! Redet Jerusalem zu Herzen!“ (Jes 40,1–2)

In unserem Text spricht einer, der diese Worte nicht nur gelesen, sondern meditiert und weitergegeben hat, weil er gewusst und gespürt hat, dass sie die Menschen seiner Tage dringend brauchen. Er erfährt sich davon betroffen und berührt: „Der Geist des Herrn ruht auf mir; denn er hat mich gesalbt und gesandt, Armen eine frohe Botschaft zu verkünden.“ So stellt er sich selbst aufgrund seines Hörens und Nachdenkens in die Reihe der Beauftragten Gottes, der Knechte Gottes (Jes 42,1), geprägt durch Gottes Geist, gesandt wie ein König, erfüllt mit der ganzen Fülle der Gaben des Geistes (vgl. Jes 11,1–5), betraut mit der Aufgabe, den Menschen in ihrer Armut und Mühseligkeit ein Evangelium, eine Frohbotschaft, zu verkünden, von der das Trostbuch Jes 40–55 (besonders Jes 40,9; 52,7) spricht.

Konkrete Frohbotschaft: Trost – Heilung – Wandlung

Das Evangelium für die Armen, das aus dem Hören und Meditieren des Propheten gewachsen ist, bleibt nicht bei einer schönen Rede, bei schönen Worten stehen. Der Prophet weiß, dass er für die konkreten Probleme seiner Menschen, seiner Gemeinde da ist. Er hat Verständnis für gebrochene Herzen, Sensibilität, Zeit, Geduld und Worte für innere Verletzungen; aber auch für äußere Nöte, in die Menschen hineingeraten sind, wie Sklaverei und Schulden. Er ist eine Gestalt, die das weiterführen möchte, was er bereits über den Dienst des Knechtes Gottes gelesen hat, geknicktes Rohr nicht völlig zu brechen und den nur mehr glimmenden Docht nicht endgültig zu löschen (Jes 42,3). Er will beitragen zur Erfahrung von einem Jahr des Wohlwollens, von einem Jahr der Barmherzigkeit, wie es Papst Franziskus (2015) ausgerufen hat.

Menschen, die durch und durch gezeichnet sind von Verzagtheit und von Traurigkeit (Jes 61,2–3), sollen sich wieder freuen und ihre Freude auch zeigen. Er verkündet ihnen aus seiner Lektüre des Trostbuches, aus seinem Glauben, dass ihre Gemeinschaft wieder wachsen wird; weil sich Gottes Himmel öffnet und seine Kraft auf die Erde fließen lässt, wird auch aus dieser Welt wieder Leben und Gerechtigkeit wachsen (Jes 45,8; 61,3).

Und dieses herzliche Verkünden und Wirken – so lesen wir weiter – steckt auch die verzagten Menschen wieder an:

Sie beginnen neu an ihrer Stadt und an ihrer Gemeinschaft zu bauen und zu arbeiten (Jes 61,4). Ja, wie wir es ein Kapitel vorher (Jes 60) lesen, werden selbst von den Völkern der Welt Menschen kommen und zum Neubeginn beitragen und dabei mithelfen.

Es ist aber nicht bloß ein äußerer Neubeginn, von dem der Prophet da redet: Die Menschen selbst, die Glieder des Gottesvolkes, haben ihren Wert und ihre Würde. Alle heißen „Priester des Herrn und Diener unseres Gottes" (Jes 61,6). Alle dürfen mit der Treue und Wahrhaftigkeit Gottes rechnen, mit seinem ewigen Bund, mit Gottes bleibendem Ja für die ganze Schöpfung (Gen 9,16), mit Abraham (Gen 17,7) und mit David (Jes 55,3). Alle nehmen teil auch an der königlichen Würde.

Zions Freudenlied als Antwort (Jes 61,10–11)

Die Dynamik des vom Propheten gelesenen, meditierten und verkündeten Evangeliums kommt nun zu ihrem Ziel: Das Freudenlied Zions selbst ist die eigentliche, letzte und tiefste Antwort auf die Frohbotschaft für die Armen.

Vielleicht ist es dem Propheten tatsächlich gelungen, mit seiner Gemeinde über diese frohe Botschaft ein Fest zu feiern, sie dazu zu bewegen. Jedenfalls soll und möchte seine Verkündigung der Frohbotschaft seiner Vorgänger die Verzagten, Gebrochenen und Trauernden zu neuer Freude, zu

Jeder Sonnenaufgang steht am Beginn eines neuen Tages. Die aufgehende Sonne ist daher oft Symbol für einen Neubeginn – neutestamentlich z. B. am Ostermorgen.

innerem und äußerem Lob ihres Gottes führen. Gott möchte, dass die Menschen ein Fest feiern über das und für das, was aus der Gemeinschaft und in der Gemeinschaft der Glaubenden bereits gewachsen ist und noch wachsen soll. Es ist Gerechtigkeit, d. h. ein neues, stimmiges Miteinander.

„Ein großer Prophet …" (Lk 7,16)

Jesus fasst am Beginn seines öffentlichen Wirkens (Lk 4,18–21) mit prophetischen Worten aus Jes 61,1–2; 29,18; 58,6 seine persönliche Sendung zusammen. Er weiß sich durch seine Taufe und die Erprobung in der Wüste (Lk 3,21–22; 4,1–13) bestätigt, dass er mit Gottes Geist erfüllt ist, um den Menschen dieses Evangelium vom befreiten, gelösten Menschen, ein Jahr, eine Zeit der Zuwendung Gottes, zu verkünden, ja nicht nur zu verkünden, sondern durch sein Tun auch zu bewirken (Lk 4,31–41; 5,12–32). Jesus hätte kaum einen schöneren, treffenderen Text für seine erste Predigt wählen können.

Die Meditation eines Propheten über Gottes Trösten, die Verkündigung dieser frohen Botschaft, ist auch heute Frage und Herausforderung für uns: Worüber reden wir in der Kirche? Ist unser Reden nur ein Behandeln von Problemen, Kritik, ein Jammern oder wächst nach prophetischem Vorbild aus unserem eigenen Nachdenken über das Wort der Schrift eine Freudenbotschaft, ein Evangelium für verzagte und gebrochene Herzen? Die Menschen unserer Tage brauchen dies mehr als je.

Unsere Gemeinden, Gemeinschaften und Pfarren, ja unsere Kirche sollen Orte sein, für die das Evangelium immer wieder und immer neu Impuls, Anstoß zur Freude, zu Fest und Feier wird.

Freude und Ermutigung: Was wir notwendig brauchen

Juble, Tochter Zion! Jauchze, Israel! Freu dich und frohlocke von ganzem Herzen, Tochter Jerusalem!
[15]Der Herr hat das Urteil gegen dich aufgehoben und deine Feinde zur Umkehr gezwungen. Der König Israels, der Herr, ist in deiner Mitte; du hast kein Unheil mehr zu fürchten.
[16]An jenem Tag wird man zu Jerusalem sagen: Fürchte dich nicht, Zion! Lass die Hände nicht sinken!
[17]Der Herr, dein Gott, ist in deiner Mitte, ein Held, der Rettung bringt. Er freut sich und jubelt über dich, er erneuert seine Liebe zu dir, er jubelt über dich und frohlockt, wie man frohlockt an einem Festtag.

Zef 3,14–17

Auf die Frage, welche Zeiten, Texte und Inhalte der Liturgie des Kirchenjahres mich persönlich am meisten ansprechen und berühren, würde ich ohne zu zögern antworten: die Tage des Advent, der Karsamstag, dazu auch die Abschiedsreden Jesu nach Johannes an den Sonntagen nach Ostern. Diese Tage bringen mit ihren Texten, so empfinde ich es jedenfalls, wichtige Grundhaltungen und Grundstimmungen unserer menschlich-christlichen Existenz zum Ausdruck.

Das ist neben Sehnsucht und Hoffnung inmitten aller Nöte unserer Welt, der Kirche und unseres Lebens vor allem ein Stück Freude: eine Freude gewiss sehr eigener Art, die nicht billig ist, die aber auch nicht überbordet und exaltiert ist; eine Freude, die zurückhaltend ist, weil sie noch auf ihre volle endgültige Erfüllung wartet und darum menschlich nachvollziehbar ist. Aber es ist eine Freude, die von einer Erwartung und Gewissheit durchdrungen ist, die letztlich nicht in uns selbst, in unserer Einbildung, in unseren Wünschen gründet, sondern im Handeln Gottes, das für uns im Kommen Jesu, in der Menschwerdung und in der österlichen Bestätigung des Gelingens Gestalt angenommen hat.

Zwei Texte der Adventliturgie, ein Wort aus dem Prophetenbüchlein Zefanja sowie aus dem Philipperbrief, bringen dies menschlich überaus ansprechend und hilfreich zum Ausdruck. Darum die Einladung zu einem kurzen Blick auf die Lesung aus dem Prophetenbüchlein Zefanja, die uns zeigt, welche Botschaften und Boten wir gerade in unseren Tagen brauchen: Botschaften und Boten der Ermutigung und der Freude für die Tochter Zion, Botschaften und Boten, die einander die Hände reichen.

Zefanja – Bote aus einer langen Reihe

Das Zefanja-Büchlein – das mit seinen drei Kapiteln in einer halben Stunde durchgelesen werden kann – steht bereits in einer Reihe prophetischer Boten und Botschaften von rund 300 Jahren Entwicklung, d. h. es gibt Botschaften weiter, die es selbst schon empfangen hat.

Dazu gehört die Botschaft des Trostbuches der Kapitel Jes 40–55 für die Heimkehrer aus der Fremde, aus Babylon. Dort verkündet der Evangelist, ein Freudenbote, den Trümmern Jerusalems: „Dein Gott ist König." (Jes 52,7) Das heißt, Gott hat durch alle Katastrophen hindurch seine Stadt nicht vergessen, nicht verlassen und aufgegeben. Auch in Jes 12 hören wir als Zusammenfassung des Geschehens der ersten zwölf Kapitel des Propheten den Aufruf: „Jauchzt und jubelt, ihr Bewohner von Zion, denn groß ist in eurer Mitte der Heilige Israels!" (Jes 12,6)

Auch im Zefanja-Text wird dieser Aufruf vielleicht bei einem Wortgottesdienst im wieder bescheiden aufgebauten Jerusalem weitergegeben. Die Leute Jerusalems haben es offenbar sehr notwendig gehabt, dass man sie immer wieder daran erinnert, dass sie ein wenig tiefer blicken sollen als bloß auf die bescheidenen Spuren und Zeichen des neuen Anfangs in der Gegenwart, von dem offenbar noch nicht sehr viel zu spüren oder zu sehen war.

Jubel und Freude über Gottes Königsherrschaft

Es muss sehr tief und kräftig aus dem Innern des prophetischen Boten gekommen sein, dass er gleich viermal (!) zum

Zu freudigen Anlässen gibt es oft ein Feuerwerk – der Jubel soll sichtbar werden. Viele biblische Texte sind ebenfalls ein verbales Feuerwerk des Jubels.

Jubel und zur Freude aufruft, mit der Stimme, aber auch aus ganzem Herzen: „Juble, juble Tochter Zion …!“ (Zef 3,14) Er möchte die Gemeinschaft bewegen, ihre Augen zu öffnen und zu bemerken, dass mit der Heimkehr und dem Neubeginn tatsächlich schon etwas geschehen ist. Gott *hat* seine Königsherrschaft in der Mitte seiner Stadt tatsächlich wieder angetreten. Er *hat* das Gericht aufgehoben. Dieser Blick soll die Stummheit wieder aufbrechen, aus der kein Gesang mehr aufsteigen will: „Die Sprache, die einmal ausschwang, dich zu loben, singt nicht mehr.“ (*Marie Luise Kaschnitz*)

Ermutigung

Es ist eine Stimme, die die Botschaft und die Seelsorgsarbeit des Trostbuches Jes 40–55 weiterführt, eine Stimme, die die Angst nimmt: „Fürchte dich nicht!“, eine Stimme, die ermutigt: „Lass deine Hände nicht sinken!“ (Zef 3,16)

Menschen, die wie einst das Volk Gottes in der Wüste immer wieder gefragt haben, ob denn Gott wirklich noch in ihrer Mitte sei (Ex 17,7), wird neu gesagt: „Der Herr, dein Gott, *ist* in deiner Mitte!“ (Zef 3,17) Er ist ein starker Retter, ein starker Helfer, so die Zusage an die Ängstlichen, Kleinmütigen und Resignierenden. Und diese Boten sagen vor allem das, worauf Menschen im Letzten warten, was sie wirklich leben lässt; sie sprechen von der *Freude*: „Gott freut sich über dich! Er selbst hat seine Freude an dir.“ (Zef 3,17)

So lesen wir es auch wieder am Schluss des großen Jesaja-Buches über Jerusalem: „Der Herr hat an dir seine Freude; wie der Bräutigam sich freut über die Braut, so freut sich dein Gott über dich!“ (Jes 62,5) „Ich will über Jerusalem jubeln und mich freuen über mein Volk.“ (Jes 65,19)

Hören wir in unseren Tagen in der Verkündigung noch solche Worte Gottes über seine Menschen? Die Botschaft, dass Gott seine Liebe zu seiner Stadt, zu seinen Menschen, die durchaus nicht ideal und vollkommen sind, erneuert (Zef 3,17)? Worte, die wir auch bei Hosea lesen, wo am Schluss des Buches Gott selbst ankündigt: „Ich will sie wieder großherzig (aus freien Stücken) lieben.“ (Hos 14,5)

Da sind wirklich Boten Gottes am Werk, die gespürt haben, was Menschen brauchen und suchen; Menschen, die ihre persönliche Erfahrung und Überzeugung von der Wirklichkeit ihres Gottes weitergeben können; die Überzeugung, von der man tatsächlich leben und existieren kann, dass Gott uns immer noch und immer wieder mag und liebt, ja, dass er an uns, auch an mir persönlich, Freude hat.

Zu treuen Händen

Wir wissen nicht, ob und wieweit es den Boten des Zefanja-Büchleins gelungen ist, die Menschen Jerusalems, die Tochter Zion wieder zu ermutigen und von innen heraus zum

Blick des Glaubens an die Gegenwart und Liebe Gottes und dadurch zur Freude zu bewegen.

Der Schluss des Jesaja-Buches mit seinen schon erwähnten Rufen zur Freude Jerusalems über ihren Reichtum und den mütterlichen Trost Gottes (Jes 66,10–14) ist jedenfalls Zeichen, dass von Gott ergriffene Glaubende diesen Ruf immer wieder weitergegeben haben. Auch im Sacharja-Buch begegnet uns, vielleicht bereits in der Alexander-Zeit, ein solches Wort, das sich in seiner wunderbaren Vertonung in die Herzen der Menschen gesungen hat: „Juble, Tochter Zion, jauchze, Tochter Jerusalem! Sieh, dein König kommt zu dir. Er ist gerecht und gerettet, demütig und reitet auf einem Esel." (Sach 9,9; vgl. 2,14) Es ist – wie Jes 9,6 und Ps 72 – das Wort der Hoffnung auf einen König des Friedens.

„Freut euch allezeit im Herrn!" (Phil 4,4)

In der Lesung aus dem Philipperbrief, den Paulus aus seiner Gefangenschaft in Ephesus geschrieben hat, setzt sich diese Ermutigung zur Freude über die verborgene Nähe des Herrn zu seiner Gemeinde fort. Es ist wieder der Ruf zu verhaltener, aber unzerstörbarer Freude, weil der auferstandene und verherrlichte Christus seiner Gemeinde nahe ist, d. h. seine Königsherrschaft bereits angebrochen ist.

Wir dürfen überaus dankbar sein, dass es treue Boten gegeben hat und gibt, welche die Weitergabe dieser Botschaft nie haben abreißen lassen und sie auch in dunklen, schwierigen Stunden tradiert haben. Wir könnten und müssten gewiss auch viele Namen aus der Geschichte des Christentums, wohl auch aus der Geschichte unseres eigenen Glaubens und Lebens hinzufügen.

Wir sollen uns aber auch selbst immer wieder unseren Blick auf die Wirklichkeit Gottes, auf die Wirklichkeit Jesu in unserer Nähe, in unserer Mitte öffnen lassen: gewiss durch persönlich geschenkte Erfahrungen, aber auch in der Kirche durch die vielen Mitarbeiterinnen und Mitarbeiter in ihrem Einsatz und in ihrem Interesse.

Es ist aber auch die schönste Aufgabe für uns selbst, glaubwürdige Botinnen und Boten dieser verhaltenen Freude zu sein, Boten der immer wieder neuen Liebe und Freude Gottes. Denn nur davon können wir auf Dauer als Christen leben und arbeiten.

Erbarmen – Aufstrahlen

„Reiß doch den Himmel auf!“

Du, Herr, bist unser Vater, „Unser Erlöser von jeher“ wirst
du genannt. [17]Warum lässt du uns, Herr, von deinen Wegen
abirren und machst unser Herz hart, sodass wir dich nicht
mehr fürchten? Kehre zurück um deiner Knechte willen,
um der Stämme willen, die dein Eigentum sind. [18]Erst vor
kurzem haben unsere Feinde dein heiliges Volk vertrieben;
dein Heiligtum haben sie zertreten. [19]Uns geht es, als wä-
rest du nie unser Herrscher gewesen, als wären wir nicht
nach deinem Namen benannt. Reiß doch den Himmel auf
und komm herab, sodass die Berge zittern vor dir.
64[3]Seit Menschengedenken hat man noch nie vernommen,
kein Ohr hat gehört, kein Auge gesehen, dass es einen Gott
gibt außer dir, der denen Gutes tut, die auf ihn hoffen. [4]Ach,
kämst du doch denen entgegen, die tun, was recht ist, und
nachdenken über deine Wege. Ja, du warst zornig; denn wir
haben gegen dich gesündigt, von Urzeit an sind wir treu-
los geworden. [5]Wie unreine (Menschen) sind wir alle ge-
worden, unsere ganze Gerechtigkeit ist wie ein schmutziges
Kleid. Wie Laub sind wir alle verwelkt, unsere Schuld trägt
uns fort wie der Wind. [6]Niemand ruft deinen Namen an,
keiner rafft sich dazu auf, fest zu halten an dir. Denn du hast
dein Angesicht vor uns verborgen und hast uns der Gewalt
unserer Schuld überlassen.

7Und doch bist du, Herr, unser Vater. Wir sind der Ton und du bist unser Töpfer, wir alle sind das Werk deiner Hände.
Jes 63,16–19; 64,3–7

„Die Welt ist müde geworden; die Propheten sind zur Ruhe gegangen." Dieses Wort aus einer außerbiblischen Schrift (4 Esra) charakterisiert vielleicht auch in manchem die geistig-religiöse Situation unserer Tage, unserer Welt. Das Reden von Gott und mit Gott, wenn und wo es überhaupt noch geschieht, ist kraftlos, flügellahm geworden. Wir haben ja so viele Angebote zum Greifen und Kaufen in nächster Nähe.

Ein Bild wie diese Bitte und Klage der Lesung aus Jesaja 63–64 und das davon inspirierte kraftvolle Adventlied „O Heiland, reiß die Himmel auf!" ist ein faszinierendes und notwendiges Gegenbild, das uns aufmerksam macht auf das, was Menschen unserer Tage weithin fehlt, vielleicht auch uns selbst, was in den Angeboten nicht vorgesehen ist und was man nicht kaufen kann:

- die leidenschaftliche Frage nach Gottes Kommen in der Gegenwart;
- die leidenschaftliche Bitte: „Reiß doch den Himmel auf!"
- und auch die verhaltene, leise Hoffnung: „Kannst du dich denn zurückhalten?"

„Wo ist dein Eifer?" – die leidenschaftliche Frage nach Gottes Advent

Der große Text Jes 63,7–64,11, eines der gewaltigsten Klagegebete des Alten Testaments, der als Ganzes gelesen werden soll, ist durch und durch geprägt von der beunruhigenden, leidenschaftlichen Frage nach Gottes Gegenwart und Wirklichkeit in seiner Welt, bei seinen Menschen, bei uns. Für die Glaubenden und Betenden hinter diesem Text war das offenbar nichts Selbstverständliches mehr. Es waren Menschen Israels, die vor den Ruinen einer Stadt, einer gescheiterten Hoffnung und einer zerbrochenen Geschichte standen. Vielleicht können wir gerade auch im Blick auf unsere Welt, manchmal auch auf unser Leben, nachempfinden, was die Beterinnen und Beter in diesem Psalm voll Leidenschaft und Unruhe fragen:

- Wo bleibt die Führung, die die Vorfahren in der Zeit des Mose, in der Zeit der Anfänge, erfahren haben, die Großtaten der Rettung am Meer (Jes 63,11)?
- Wo bleibt der leidenschaftliche Einsatz Gottes für sein Volk, für seine Menschen (Jes 63,15)?
- Warum hält er den Reichtum seiner Erbarmungen zurück, warum verbirgt er sein Antlitz (Jes 63,15; 64,6)?

Mindestens so beunruhigend wie diese Frage, wo denn Gottes Wirken in der Welt und in der Geschichte sichtbar und

Auf einem Wanderweg im Pongau finden sich als Wegmarkierung Herzen – ein Bild für die Zeichen Gottes auf unserem Weg.

erfahrbar wird, sind auch die Fragen nach der Gegenwart seines Wirkens im Inneren, im Denken und Tun der Menschen des Gottesvolkes selbst.

Diese Menschen haben bekannt, dass ihre eigene Sensibilität, ihr eigenes Empfinden für Gottes Wirklichkeit, stumpf geworden ist. So fragen sie: „Warum lässt du uns abirren von deinen Wegen, machst unser Herz hart, dass wir dich nicht mehr fürchten?“ (Jes 63,17) Sie spüren, dass ihr Herz müde, unfähig geworden ist, zu diesem Gott zu rufen, nach ihm zu greifen: „Niemand ruft deinen Namen an, keiner rafft sich auf, an dir festzuhalten.“ (Jes 64,6)

Frömmigkeit, wie sie in diesem Text begegnet, ist weitaus mehr als ein Gefühl der Beruhigung, der religiösen Stimmung. Solche Frömmigkeit nach dem Beispiel Israels lässt auch die Frage zu, wo denn Gott in der Welt, in der Kirche, in unserem eigenen Leben bleibt. Es ist eine Frage, die nicht fromme Routine ist und auch nicht so schnell und einfach zu beantworten, wie es frommen Menschen oft geschwätzig und leicht über ihre Lippen kommt, wenn sie den Namen Gottes in den Mund nehmen. Es kann aber auch Zeichen echter, adventlicher Frömmigkeit sein, mit der Lesung Worte „scharf von Erkenntnis und bitter von Sehnsucht“ (*Ingeborg Bachmann*) an Gott zu richten, Worte unserer Hilflosigkeit: „Ich weiß nicht, ob der Himmel niederkniet, wenn wir zu schwach sind, um hinaufzukommen.“ (*Christine Lavant*)

Wir haben jene Menschen ernst zu nehmen, die uns diese Fragen stellen und vielleicht bekennen, dass sie „religiös unmusikalisch" sind, wie es ein großer Denker der Gegenwart (*Jürgen Habermas*) einmal formuliert hat, der dennoch von der Sehnsucht nach dem ganz Anderen spricht.

„Reiß doch den Himmel auf!" – die leidenschaftliche Bitte

Israels Adventgebet bei Jesaja ist aber nicht nur Frage; es setzt trotz aller Müdigkeit immer wieder an zu ungestümen, leidenschaftlichen Rufen: „Blick vom Himmel herab und sieh her von deiner heiligen, herrlichen Wohnung!", ja mehr noch: „Dass du doch die Himmel zerrissest und herabstiegest!" So lautet die wohl gewaltigste Bitte Israels um den Advent seines Gottes, um sein Kommen. Er soll das Gewand des Himmels zerreißen, die unheimliche Mauer des Schweigens, die undurchdringliche Trennwand, seinen verschlossenen Himmel durchbrechen, öffnen, herabsteigen und wie das Feuer lebendig wirksam werden, seinen Namen heiligen, d. h. vor der Welt bekannt und sichtbar machen, damit auch die Abgestumpften und Verschlossenen aufmerksam werden.

Wenn wir der Wirklichkeit Gottes tatsächlich gerecht werden wollen, muss unser Beten an diesem Ernst, an dieser Dringlichkeit und Leidenschaftlichkeit Maß nehmen. Denn Gott war und ist nie einfach und billig zu haben oder gar festzuhalten. Er hat sich sehr oft erst am Ende eines langen, schmerzlichen Ringens gezeigt und geschenkt: wie Jakob nach einer durchkämpften Nacht (Gen 32,23–33), wie Ijob am Ende schmerzlicher, harter Redegänge; wie den Psalmenbetern nach hartem, unablässigem Fragen, wie z. B. im viermaligen „Wie lange" (Ps 13,1–6) oder im „Wach auf, was schläfst du, Herr? Wach auf, verstoß uns nicht für immer!" (Ps 44,24)

„Kannst du dich denn zurückhalten?" – verhaltene Hoffnung vor Gottes Herz

Zum Ausdruck sehnsüchtigen Fragens und leidenschaftlichen Bittens gehört aber auch die Ausdauer, die ihre Wurzeln in einem letzten Vertrauen hat, das in immer neuen Ansätzen vor das Herz Gottes führt.

So beginnt der Psalm mit der Erinnerung an Gottes große Hulderweise und an seine Erbarmungen, seine Güte. Es ist vor allem die Anrede „unser Vater", die den Text wie eine Grundmelodie durchzieht. Es ist der Appell an Gott als „Löser", als Verwandter (Jes 63,16; 43,1; Ijob 19,25–26). Die Erinnerung an die leidenschaftliche Beziehung zu seinen Menschen, seinen Geschöpfen (Jes 64,7), seinem Volk (Jes 64,8), zu seiner heiligen Stadt ist eine Beziehung, aus der sich Gott nicht einfach zurückziehen und sein Werk der Zerstörung überlassen kann.

So führt die Dynamik dieses Betens, der Fragen voll bitterer Sehnsucht und der leidenschaftlichen Bitte im letzten

Das Dunkel der Wolken wird unerwartet durchbrochen vom Licht der Sonne.
Die Bitte an Gott, den Himmel aufzureißen, schließt an solche Erfahrungen an.

Wort, im letzten Satz zur verhaltenen, berührenden Frage an Gottes Herz: „Kannst du dich (willst du dich) wirklich bei all dem zurückhalten, Herr? Kannst du (willst du) wirklich schweigen und uns so sehr erniedrigen?“ Es ist eine Frage, die ehrfürchtig und demütig vor der Freiheit, vor dem Geheimnis Gottes stehen bleibt, wissend, dass man ihn nicht erpressen und zwingen kann. Es ist eine Frage, die aber auch hofft, dass hinter all den durchlittenen Erfahrungen von Verlassenheit, Verborgenheit, Verschlossenheit des Himmels das Geheimnis des Herzens Gottes steht, seines unbegreiflichen, nicht zu verdienenden Erbarmens mit seinen Menschen.

Es ist das Geheimnis, das Gott selbst Jona gegenüber zu seiner Rechtfertigung bloßlegt: „Ich aber sollte (darf) nicht Mitleid haben …?“ (Jona 4,11) oder Hos 11,8: „Mein Herz kehrt um in mir; mein Mitleid brennt auf … Ich will Israel nicht noch einmal vernichten. Denn Gott bin ich und nicht ein Mensch, darum komme ich nicht in der Hitze des Zornes.“

Adventpsalm

Adventlied und Adventpsalm aus dem Jesaja-Buch „Reiß doch die Himmel auf!“ sind Fragen an uns, wie lebendig, ernst und tief die Sehnsucht nach Gottes Kommen und der Erfahrung seiner Gegenwart, die Bitte um dieses Kommen in uns selbst sind. Sie sind Einladung, uns in diesen Tagen dieser kraftvollen Bewegung neu anzuschließen.

Nur solche Sehnsucht, solche Leidenschaft des Fragens und Bittens, solch ehrfürchtigen und demütigen Vertrauens wird auch in der ganzen Tiefe erfahren und begreifen können, was es heißt, dass Gott zur Weihnacht den Himmel tatsächlich zerrissen hat, ja dass die Himmel niedergekniet sind auf unserer Erde, in unsere Schwachheit.

Gottes Weisheit unterwegs zu uns

Die Weisheit lobt sich selbst, sie rühmt sich bei ihrem Volk. [2]Sie öffnet ihren Mund in der Versammlung Gottes und rühmt sich vor seinen Scharen:
[8]Da gab der Schöpfer des Alls mir Befehl; er, der mich schuf, wusste für mein Zelt eine Ruhestätte. Er sprach: In Jakob sollst du wohnen, in Israel sollst du deinen Erbbesitz haben. [9]Vor der Zeit, am Anfang, hat er mich erschaffen und bis in Ewigkeit vergehe ich nicht. [10]Ich tat vor ihm Dienst im heiligen Zelt und wurde dann auf dem Zion eingesetzt. [11]In der Stadt, die er ebenso liebt wie mich, fand ich Ruhe, Jerusalem wurde mein Machtbereich. [12]Ich fasste Wurzel bei einem ruhmreichen Volk, im Eigentum des Herrn, in seinem Erbbesitz. [13]Wie eine Zeder auf dem Libanon wuchs ich empor, wie ein wilder Ölbaum auf dem Hermongebirge. [14]Wie eine Palme in En-Gedi wuchs ich empor, wie Oleandersträucher in Jericho, wie ein prächtiger Ölbaum in der Schefela, wie eine Platane am Wasser wuchs ich empor. [15]Wie Zimt und duftendes Gewürzrohr, wie beste Myrrhe strömte ich Wohlgeruch aus, wie Galbanum, Onyx und Stakte, wie Weihrauchwolken im heiligen Zelt. [16]Ich breitete wie eine Terebinthe meine Zweige aus und meine Zweige waren voll Pracht und Anmut.

Sir 24,1–2.8–16

Es gibt Einladungen zum Anschauen, Betrachten, zum Sich-Hinstellen vor Szenen und Bilder des Geschehens der Menschwerdung und der Weihnacht in den Kindheitserzählungen bei Matthäus und vor allem bei Lukas, hinter denen sich Glanz und Licht des Menschgewordenen verbergen. In der Liturgie gibt es aber auch große, gewichtige Texte des Nachdenkens und der Reflexion: den Johannesprolog (Joh 1,1–18), in dessen Zentrum Vers 14 steht: „Und das Wort ist Fleisch geworden und hat unter uns das Zelt aufgeschlagen." In diesem Wort fassen sich zentrale Aussagen eines alttestamentlichen Textes, der Lesung aus Jesus Sirach 24, zusammen, in dem mehrfach vom Zeltaufschlagen und vom Weg der Weisheit Gottes zu uns Menschen die Rede ist.

Es lohnt sich, vor dieser Gestalt der Frau Weisheit stehen zu bleiben und ihrer Bewegung, ihren Stationen zu folgen, wie sie Sir 24 entfaltet, einer der ganz großen theologischen Texte des Alten Testaments.

Die Gestalt der Frau Weisheit – Bild für Gottes Ja zur Welt

Mit der Gestalt der Frau Weisheit versuchen dichterisch begabte, denkende Menschen des Gottesvolkes ein für alle verständliches und attraktives Bild für Gottes Weg, Wirken und Gegenwart in der Welt zu zeichnen; ein Bild, das auf schwierige Fragen und Erfahrungen von Grenzen, von Widersprüchen zu antworten versucht, wie sie vor allem in den Büchern Ijob und Kohelet vorkommen. Mit der Gestalt einer sympathischen Frau, die in Spr 8,22–36 bei der Schöpfung der Welt vor Gott, dem Schöpfer, spielt und bekennt, dass es ihre Freude ist, bei den Menschen zu sein, will uns ein glaubender Dichter Israels sagen und verkünden: Gott hat ein großes, liebendes Ja zu seiner Schöpfung gesagt und sagt es immer noch und immer wieder. Die Weisheit Gottes ist das faszinierende Bild für das Wort des Weisheitslehrers: „Gott hat alles schön gemacht zu seiner Zeit." (Koh 3,11) Sie ist ein persönliches, liebenswürdiges Bild für das Wort des Schöpfers am Schluss des Schöpfungswerkes in Gen 1,31: „Gott sah alles, was er gemacht hatte, und siehe, es war sehr gut."

Die Gestalt der fröhlichen, vor Gott spielenden Weisheit ist lebendige Botschaft für Aussagen im Buch der Weisheit Salomos: „Gott hat alles zum Dasein geschaffen" (Weish 1,14), sowie: „Du liebst alles, … denn hättest du etwas gehasst, so hättest du es nicht geschaffen!" (Weish 11,24) Die Weisheit ist sprechendes, künstlerisches Bild für Gott als Liebhaber und „Freund des Lebens" (Weish 11,26).

Stationen der Zuwendung Gottes zur Welt

In Kapitel 24 des Sirach-Buches zeichnet ein weiser Schriftgelehrter am Ende der alttestamentlichen Zeit (um ca. 200 v. Chr.) den ganzen Weg der Weisheit als einen Weg mit vie-

Die hohen Palmen sind weithin sichtbar und künden von der Fruchtbarkeit und dem Leben – auch in biblischen Texten.

len Stationen, als den Weg immer tieferer, konkreterer Zuwendung Gottes zu seiner Welt und zu seinen Menschen; als einen Weg immer neuen Zeltaufschlagens unter ihnen, als einen Weg mit einer ungeheuren Dynamik seiner Liebe, der die ganze Geschichte des Gottesvolkes umspannt und durchdringt. Wir müssen diese Stationen einmal langsam, besinnlich nachlesen und auf uns wirken lassen!

Weisheit ist, so sagt sie zu Beginn ihrer großen Schilderung des Weges in Sir 24,3–7, das Ja, das liebende Ja Gottes, das vor, hinter und über allen Räumen des Kosmos steht, über Höhen und Tiefen, Meer und Land.

Gottes Weisheit, sein Ja, ist bei allen Menschen, in jedem Volk am Werk; es gibt keinen Raum und keine Gemeinschaft, wo Gottes Plan und Zuwendung nicht gegenwärtig gewesen wäre und gegenwärtig ist (vgl. auch Ps 139). Die Weisheit ist allerdings mit einer solchen allgemeinen Gegenwart noch nicht zufrieden.

Darum sucht sie (Sir 24,8–12) nach einer letzten, ganz konkreten Gegenwart und darf ihr Zelt im erwählten Volk Gottes selbst, in Jakob und Israel aufschlagen; d. h. Gott sagt Ja zu einer ganz besonderen Station, zu einer ganz besonderen Geschichte seiner Gegenwart in der Welt, bis hin zu einem besonderen Ort und einem eigenen Haus im Heiligtum Gottes in seiner Stadt Jerusalem.

Trotz dieser höchst persönlichen Gegenwart und Zuwendung versucht aber Frau Weisheit (Sir 24,13–17), sich nicht auf einen Punkt, auf eine einzige Stelle, begrenzen zu lassen.

Sie will mit ihrem Reichtum und ihrer Dynamik von der Mitte aus im ganzen Land, in alle Richtungen erfahrbar werden, blühen und Frucht bringen, duften wie im Heiligtum in Jerusalem selbst.

Sie ist eine Gestalt, die aber auch einlädt, sich auf diesen ihren Reichtum einzulassen, ihn zu genießen in seiner ganzen Unerschöpflichkeit (Sir 24,19–22). Es ist ein Reichtum, der über alle äußeren Grenzen hinweg für alle zugänglich, greifbar, verfügbar sein will und auch verfügbar ist: im geschriebenen Wort der Schrift, in der Offenbarung, in der alle Stationen, Weisen und Wege der Gegenwart Gottes zusammengefasst, verdichtet und zu verfolgen sind.

Joh 1,14 – das Zeltaufschlagen des Wortes unter uns

Damit steht der Weg der Weisheit Gottes in Israel an einer Grenze; das Johannesevangelium fasst diesen Weg nochmals ganz knapp und dicht zusammen. Es wagt aber zugleich, alle bisherigen staunenswerten Stationen der Gegenwart, des Wohnens und Zeltaufschlagens nochmals hinter sich zu lassen und aufzusprengen: „Und das Wort ist Fleisch geworden und hat unter uns das Zelt aufgeschlagen; und wir haben seine Herrlichkeit geschaut, die Herrlichkeit des Einziggeborenen vom Vater voll Gnade und Wahrheit.“ (Joh 1,14)

Gottes Zuwendung zur Welt in all den vielen bunten Stationen der Frau Weisheit hat ihre letzte, schönste und dichteste persönliche Verwirklichung in der Menschwerdung, in Jesus, gefunden: „Und das Wort ist Fleisch geworden." „Der Einziggeborene, der Gott ist und am Herzen des Vaters ruht, jener hat uns Kunde gebracht" (Joh 1,18), das ist Gottes liebendes Ja, das Ja seines Herzens. Die Weisheit und das Wort Gottes in Jesus ist der unüberbietbare, letzte Ausdruck, dass er alles gut gemacht hat, machen kann und machen will.

Nicht umsonst haben die Ikonenmaler Jesus Christus als Sophia, als die Weisheit Gottes, dargestellt. Die meisten und kostbarsten Ikonen der Weisheit als Christus sind in Russland vor mehr als einem halben Jahrtausend entstanden und in Kirchen und Museen des Kreml zu finden. Weisheitsikonen sind aber nicht nur Erinnerung, sondern attraktive Vergegenwärtigung und letzte Station der Weisheit Gottes in der Herrlichkeit des Menschgewordenen. Sir 24 ist nämlich in der Fortsetzung und in seinem Abschluss (Sir 24,25–31) Impuls, wie jener Weisheitslehrer die Bewegung der Weisheit Gottes zu den Menschen selbst lebendig zu halten und aufs Neue fortzusetzen und Menschen einzuladen, vom Reichtum ihrer Früchte zu genießen und zu zeigen, dass sie immer noch und überall am Werk ist.

Durch die klaren Strukturen der Ikonen wird auf die Weisheit Gottes verwiesen. Im Neuen Testament wird Christus als der Lehrer der Weisheit geoffenbart.

Weitung des Herzens – Räume des Reichtums: Jerusalem und die Kirche

Auf, werde licht, denn es kommt dein Licht und die Herr-
lichkeit des Herrn geht leuchtend auf über dir. [2]Denn siehe,
Finsternis bedeckt die Erde und Dunkel die Völker, doch über
dir geht leuchtend der Herr auf, seine Herrlichkeit erscheint
über dir. [3]Völker wandern zu deinem Licht und Könige zu
deinem strahlenden Glanz.
[4]Blick auf und schau umher: Sie alle versammeln sich und
kommen zu dir. Deine Söhne kommen von fern, deine Töch-
ter trägt man auf den Armen herbei. [5]Du wirst es sehen
und du wirst strahlen, dein Herz bebt vor Freude und öffnet
sich weit. Denn der Reichtum des Meeres strömt dir zu, die
Schätze der Völker kommen zu dir. [6]Zahllose Kamele bede-
cken dein Land, Dromedare aus Midian und Efa. Alle kom-
men von Saba, bringen Weihrauch und Gold und verkünden
die ruhmreichen Taten des Herrn.

Jes 60,1–6

Der faszinierende Text Jesajas vom Kommen der Völkerwelt nach Jerusalem ist durch und durch eine Epiphanie, die blitzt und funkelt. Man muss unbedingt das ganze Kapitel lesen! Jes 60 mit dem Ruf „Auf, werde Licht, Jerusalem“ ist ein strahlendes Kontrastbild zum Streit um die bis heute aktuelle Frage, wem dieses Jerusalem gehört, ein Streit, der schon viele Opfer gekostet hat und der sich bis zur Stunde auch in Ansprüchen der verschiedenen christlichen Kirchen auf Stätten der Tradition spiegelt. Der Jesaja-Text entfaltet wie viele andere Texte der alttestamentlichen Bibel eine Vision, in der dieses Jerusalem nicht mehr Objekt des Streites, Gegenstand von Beschlagnahmen durch die einen und Ort des Ausschlusses für die anderen ist, sondern

- Raum und Heimat für den Reichtum der Völkerwelt und Ziel ihrer Pilgerschaft;
- zugleich ein überaus anziehendes, zukunftsweisendes Symbol auch für die Sendung der christlichen Kirchen.

Jerusalem – Raum für den Reichtum der Völker und Ziel der Pilgerschaft

Inmitten leidvoller Erfahrungen des Streites um und auch in Jerusalem haben die Propheten des Gottesvolkes Israel Jahrhunderte hindurch immer wieder Visionen entworfen, wie denn die Gottesstadt vom Plan und von der Wirklichkeit ihres Gottes her aussehen sollte. In solchen Entwürfen und Bildern begegnet Jerusalem vor allem in Texten der Spätzeit, d. h. nach dem Exil, als Ort, Raum und Heimat für den Reichtum und als Ziel der Pilgerschaft der Völkerwelt. So steht im Jesaja-Buch dieses Jerusalem gleich zu Beginn (Jes 1,1–2,5), am

Ende des Buches (Jes 60,1–62,12) und ebenso in der Mitte (Jes 25).

Jes 60 – die große Lesung am Fest der Erscheinung des Herrn – ist eine solche Vision der Hoffnung. Die von den babylonischen Eroberern 587 in Brand gesteckte Stadt, die dann unter persischer Oberherrschaft steht und eine Baustelle ist, wird in Jes 60 ganz unerwartet und überraschend als eine Stadt gezeichnet, zu der nicht nur die Völkerschaften der Nachbarn kommen, vom Libanon, von Midian, vom Weihrauchland Arabien, sondern auch die fernste Inselwelt bis hin nach Tarschisch im äußersten Westen. Alle bringen ihren Reichtum an Gaben, Metallen, Baumaterial und Tieren. Die Stadt kann nur staunen und ihr Herz und ihre Tore weiten (Jes 60,5), die Tag und Nacht geöffnet bleiben (Jes 60,11); sie trinkt wahrhaftig wie ein Säugling die Milch der Völker (Jes 60,16).

In immer neuen Bildern begegnet Jerusalem, ausgeweitet und durchdrungen von der Wirklichkeit und den Möglichkeiten ihres Gottes. Jes 56,7 spricht von einem „Haus des Gebetes für alle Völker". Nach Ps 87,6–7 schreibt der Herr in die Liste der Völker über diese Stadt: „Jeder ist dort geboren"; und die Menschen sollen im Reigentanz singen: „Alle meine Quellen sind in dir". Ja, diese damals äußerlich höchst bescheidene Stadt, die man nach dem Wiederaufbau erneut mit Mauern befestigt und auch innerlich gegen Fremde abzugrenzen und abzuschließen versucht hat, wie es die Bücher Esra und Nehemia nachdrücklich bezeugen, diese Stadt soll zum Ziel einer großen Wallfahrt werden, bei der die Völker der Welt die Wege und die Weisung des Herrn kennenlernen und sehen wollen, wie der Herr selbst Recht spricht und Streit schlichtet. Man wird dort das Kriegshandwerk nicht mehr lernen und üben, sondern Waffen zu Werkzeugen des Lebens und des Festes umschmieden. Jerusalem wird zur idealen Werkstätte des Friedens (Jes 2,2–5).

„Frieden mache ich zu deiner Wache und Gerechtigkeit zu deiner Obrigkeit", verheißt der Herr in Jes 60,17; und es wird keine Gewalttat mehr im Land geben (Jes 60,18). Als allerletztes Ziel verheißt das Jesaja-Buch auf jenem Berg ein kostbares Mahl wieder für alle Völker, bei dem selbst Leid, Tränen und Tod ihr Ende finden (Jes 25,6–8), wie es in einer Lesung gegen Ende des Kirchenjahres zu hören ist.

Gegen allen Augenschein und alle Erfahrungen tragen die Bilder und Visionen der Propheten unermüdlich den Glauben weiter, dass Gott nicht eine in sich selbst zerrissene und mit anderen verfeindete, mit Mauern abgeschirmte Stadt im Auge hat, sondern ein Jerusalem, dessen Herz weit geworden ist, das nur staunen kann (Jes 60,5), das äußerlich und innerlich Raum und Heimat für die Gaben und den Reichtum Vieler sein kann, ein Jerusalem, über dem mitten im Dunkel der Welt wirklich das Licht eines neuen Schöpfungstages aufstrahlt (Jes 60,2), das Menschen anzieht (Jes 60,1) und zum Miteinander, zum Beschenken führt.

Jes 9,1 hatte solches Licht im Dunkel und unter der Last von Kriegen bereits von der Geburt eines königlichen Kindes erhofft. In Jes 60 ist dieses Licht der Herr selbst, seine Herrlichkeit, die nicht mehr untergeht. Wann dieses große, endgültige Leuchten beginnt, ist allerdings seine Sache, sagt er den ungeduldig Wartenden und Hoffenden (Jes 60,22).

Die Kirche – Raum für den Reichtum der anderen

Die Visionen der Pläne Gottes mit dem konkreten Ort seiner Gegenwart in dieser Welt sind eine faszinierende und aktuelle Orientierung und Herausforderung auch für das Bild einer Kirche der Zukunft.

So sollte auch unsere Kirche als Zeichen und Ort der Gegenwart Gottes unter den Völkern und für die Völker nicht ängstlich Tore schließen, Zäune und Mauern errichten oder wieder verstärken, wie es Gruppen und Einzelne immer wieder versuchen, sondern sie sollte Maß nehmen an der prophetischen Vision Gottes für Jerusalem. Das bedeutet für Christinnen und Christen auf eine Kirche hinzuarbeiten, die von ihrem Herrn Jesus Christus her ebenfalls Licht der Völker, Raum und Heimat für sehr viele sein kann, d. h. wahrhaft katholisch, weit und umfassend, dass die Dimensionen der Länge und Breite, der Höhe und Tiefe der Liebe Christi nicht nur theoretisch in ihrem Bauplan, sondern vor allem in ihrer Wirklichkeit überzeugend zum Ausdruck kommen (vgl. Eph 3,19).

Als christlich Glaubende sind wir aufgerufen, den Menschen Licht und Hoffnung zu vermitteln. Jesu Zusage lautet: Ihr seid das Licht der Welt.

Das sollte einmal für die christlichen Kirchen selbst gelten, die immer mehr und besser lernen sollten, gegenseitig den Reichtum in ihren verschiedenen Brüder- und Schwesterkirchen zu entdecken und etwas davon in ihre eigenen, oft engen Häuser, mit vielen Zäunen und Mauern umgeben, einzulassen. So könnte unsere römisch-katholische Kirche von den Gaben der Kirchen des christlichen Ostens lernen, von ihrem Sinn für das Heilige in der Liturgie, von ihrer Frömmigkeit, aber auch vom Ernstnehmen der einzelnen Ortskirchen; oder von der Kenntnis und Hochschätzung des Wortes Gottes, auch des Laienelementes in den Kirchen der Reformation.

Aber auch mit und aus unserer römisch-katholischen Kirche hätten wir vieles in ein größeres gemeinsames Haus einzubringen, etwa die Vielfalt der Ordenscharismen, die Vielfalt großer Gestalten der Nachfolge Jesu, aber auch etwas von der tragenden Bedeutung weltweiter Strukturen, von der Chance eines recht ausgeübten Petrusdienstes, der nicht uniformiert, sondern positiv die Einheit fördert.

Auf, werde Licht!

Wir dürfen und können die Jesaja-Lesung auch ganz wörtlich nehmen: Die Kirche muss wohl als eine ihrer Zukunftsfragen noch intensiver zu entdecken lernen, dass und wie sehr sie durch die Begegnung mit den Kulturen und auch den großen Religionen der Welt in Asien, Afrika und Lateinamerika bereichert werden kann. Erst durch die Öffnung der Tore für die vielfältigen besonderen Gaben der Völker und Kontinente in ihrer Buntheit, Kraft und Tiefe kann die Fülle Christi voll verwirklicht werden. Dazu bedarf es allerdings wie bei Jerusalem der wahrhaft offenen Tore, des geweiteten Herzens, aber auch, wenn nötig, da und dort nicht nur der Erweiterung und des Umbaus, sondern auch des Abreißens und Neubaus, wenn Räume zu eng geworden sind und nicht mehr entsprechen.

Jes 60 verheißt Jerusalem, Gott möchte aufstrahlen über der Stadt und den Reichtum der Völkerwelt zu ihr lenken, ja er ist selbst am Kommen. Die Frage lautet: Haben die Gottesstadt und die Kirche dafür Raum, sind sie dazu bereit? Mühen wir uns selbst, Menschen einer solchen Kirche des strahlenden Lichtes, der offenen Tore und des weiten Herzens zu werden? „Auf, werde Licht, denn dein Licht ist gekommen!“ Lassen wir es durchdringen! Vielleicht funkelt es dann und wann auch durch uns. Nach Joh 1,4–5.9; 8,12 ist es ja schon in der Welt.

Mitsein – Vision

Immanuel – eine Geschichte von Gottes Gegenwart

Der Herr sprach noch einmal zu Ahas; er sagte: [11]Erbitte dir
vom Herrn, deinem Gott, ein Zeichen, sei es von unten, aus
der Unterwelt, oder von oben, aus der Höhe. [12]Ahas antwor-
tete: Ich will um nichts bitten und den Herrn nicht auf die
Probe stellen. [13]Da sagte Jesaja: Hört her, ihr vom Haus Da-
vid! Genügt es euch nicht, Menschen zu belästigen? Müsst
ihr auch noch meinen Gott belästigen? [14]Darum wird euch
der Herr von sich aus ein Zeichen geben: Seht, die Jungfrau
wird ein Kind empfangen, sie wird einen Sohn gebären und
sie wird ihm den Namen Immanuel (Gott mit uns) geben.
[15]Er wird Butter und Honig essen bis zu der Zeit, in der er
versteht, das Böse zu verwerfen und das Gute zu wählen.
[16]Denn noch bevor das Kind versteht, das Böse zu verwerfen
und das Gute zu wählen, wird das Land verödet sein, vor
dessen beiden Königen dich das Grauen packt. [17]Der Herr wird
Tage kommen lassen über dich und dein Volk und das Haus
deines Vaters [durch den König von Assur], wie man sie nicht
mehr erlebt hat, seit Efraim von Juda abgefallen ist.

Jes 7,10–17

Zu den wohl bekanntesten Texten des Jesaja-Buches gehört das 7. Kapitel, vor allem Jes 7,10–14. Diesen Text hören wir im Advent immer wieder: die Verheißung der Geburt des Immanuel aus einer Jungfrau – so jedenfalls die griechische Bibel, die Matthäus in seinem Evangelium am Anfang zitiert. Für nicht wenige Bibelleser ist das wieder ein sehr einfaches Beispiel dafür, dass das Alte Testament Verheißung ist, die sich im Neuen Testament erfüllt hat. Nach diesem Schema ist allerdings der alttestamentliche Text, der sich bereits erfüllt hat, heute bedeutungslos geworden und hat uns persönlich nicht mehr viel zu sagen. Wenn wir freilich nicht nur die paar Verse Jes 7,10–14 mit dem Zitat bei Matthäus lesen, sondern das ganze Kapitel 7, dann gewinnen das Wort und die Botschaft vom Immanuel eine sehr weite und tiefe Dimension; es bleibt ein Wort, das auch für uns, für die Kirche, immer noch aktuell und gewichtig ist.

Gehen wir darum diesem Immanuel, diesem „Gott mit uns" im Ganzen der Bibel ein wenig nach und lassen wir dieses Wort als Melodie, als Licht, das die Geschichte des ganzen Gottesvolkes in all seinen Stationen bestimmt und begleitet, in uns eindringen!

„Gott mit uns" – an den Anfängen

„Gott mit dir/mit uns" ist ein Wort, das in der Bibel sehr oft vorkommt als Blick zurück, als Ermutigung zu Anfängen, als Zusage der Führung und Begleitung auf Wegen in die Zukunft.

Ein erstes Mal findet es sich in den Erzelternerzählungen als Verheißung für Isaak im Land des Philisterkönigs: „Bleibe als Fremdling in diesem Land. Ich bin mit dir." (Gen 26,3) Bemerkenswerterweise ist dies sogar eine Verheißung für Jakob, den vor seinem Bruder fliehenden Betrüger, bei der Gottesbegegnung in Bethel: „Ich bin mit dir; ich behüte dich, wohin du gehst; ich führe dich zurück." (Gen 28,15)

Am Beginn der Erzählung vom Auszug Israels aus Ägypten antwortet der Herr dem Mose auf seine angstvolle Frage: „Wer bin ich, dass ich vor den Pharao treten soll?" mit dem Hinweis: „Ich werde mit dir sein." (Ex 3,11–12)

Gottes Mit-Sein, nicht die Kraft des Mose, wird das Entscheidende sein. Diese Verheißung gilt auch seinem Nachfolger Josua vor dem Einzug ins verheißene Land: „Wie ich mit Mose war, will ich auch mit dir sein." (Jos 1,5) Das Wort gilt auch in Stunden der Not als Ermutigung für Rettergestalten, so bei der Berufung des Richters Gideon: „Fürchte dich nicht; ich bin mit dir!" (vgl. Ri 6,12.16)

Es ist vor allem ein Wort, das über den Wegen Davids steht: bei seiner Berufung und Salbung (1 Sam 16,18), besonders über seiner Erwählung und der Begründung seiner Dynastie, am Beginn der Geschichte seines Königtums in der Verheißung an Natan (2 Sam 7,3.9). Es ist das Wort, das die ganze Geschichte des davidischen Königtums begleitet, trägt und immer wieder offen lässt.

„Gott mit uns“, das ist dankbares und vertrauensvolles Bekenntnis der Gemeinschaft der Gottesstadt Jerusalem in Ps 46,8.12, die diese Gegenwart des rettenden Mit-Seins in allen und durch alle Bedrohungen hindurch immer wieder erfahren hat: „Der Herr der Heere ist mit uns.“

„Gott mit uns“ – Station in der Mitte

Die Erzählung Jes 7 zeigt uns, dass dieses Wort als Verheißung für die Gemeinschaft auch in der Mitte der Geschichte des Gottesvolkes, der Gottesstadt und ihres Königtums steht. Das heißt, was die Geschichte und die Existenz des Gottesvolkes tatsächlich charakterisiert und trägt, das sind nicht die menschlichen Aktivitäten, menschliche Politik und Macht, auch nicht menschliche Not und menschliches Versagen, sondern das ist und bleibt die Verheißung vom Mit-Sein Gottes. Jesaja verkündet dies in einer Stunde politischer Bedrängnis des davidischen Königtums in Juda – Jerusalem. König Ahas war in einer Zwickmühle. Der Druck seiner beiden kleinen Nachbarn im Norden, Israels und der Aramäer, war für ihn Anlass zur Versuchung, sich mit dem noch Mächtigeren und Stärkeren zu verbünden, dem König von Assur. Jesaja möchte ihn beruhigen und ihm die Angst vor beiden rauchenden Holzscheitern nehmen, deren Macht ja schon am Verlöschen war: „Es wird nicht bestehen und nicht geschehen. Glaubt ihr nicht, so bleibt ihr nicht“ (Jes 7,7.9), ruft er dem König zu. Dies war Angebot der Verheißung, aber auch der Herausforderung des Glaubens und Vertrauens in jener Stunde.

Ein zweites Mal geschieht dies durch das Wort vom Angebot eines Zeichens, die Geburt eines Kindes mit dem Namen Immanuel – „Gott mit uns“. Ein Kind soll Zeichen der Gegenwart Gottes für die Gemeinschaft Jerusalems, für König und Volk sein. Dem König Ahas schien dieses Angebot, das Zeichen eines Kindes, offenbar nicht sehr hilfreich und verheißungsvoll; vielleicht hat es seine politischen Pläne durcheinander gebracht und in Frage gestellt: jetzt, in schwieriger politischer Stunde auf ein Kind als Zeichen von Gottes Gegenwart und Schutz zu vertrauen. Darum wird dieser Immanuel im Jesaja-Text bald darauf zum Zeichen des Gerichtes (Jes 7,17), für den Unglauben.

Dennoch: Schüler des Propheten haben diese Verheißung vom rettenden Mit-Sein, von der rettenden Gegenwart Gottes für Stadt, Königtum und Volk als gewichtiges Wort weitergetragen, als Grundmelodie einer unzerstörbaren Hoffnung, einer immer neu wirksamen Gegenwart Gottes mit ihnen/unter ihnen.

„Gott mit uns" – immer neu

So klingt das Wort vom Immanuel bei Jesaja selbst weiter. Leute aus dem Gottesvolk im Ausland, in der Verbannung

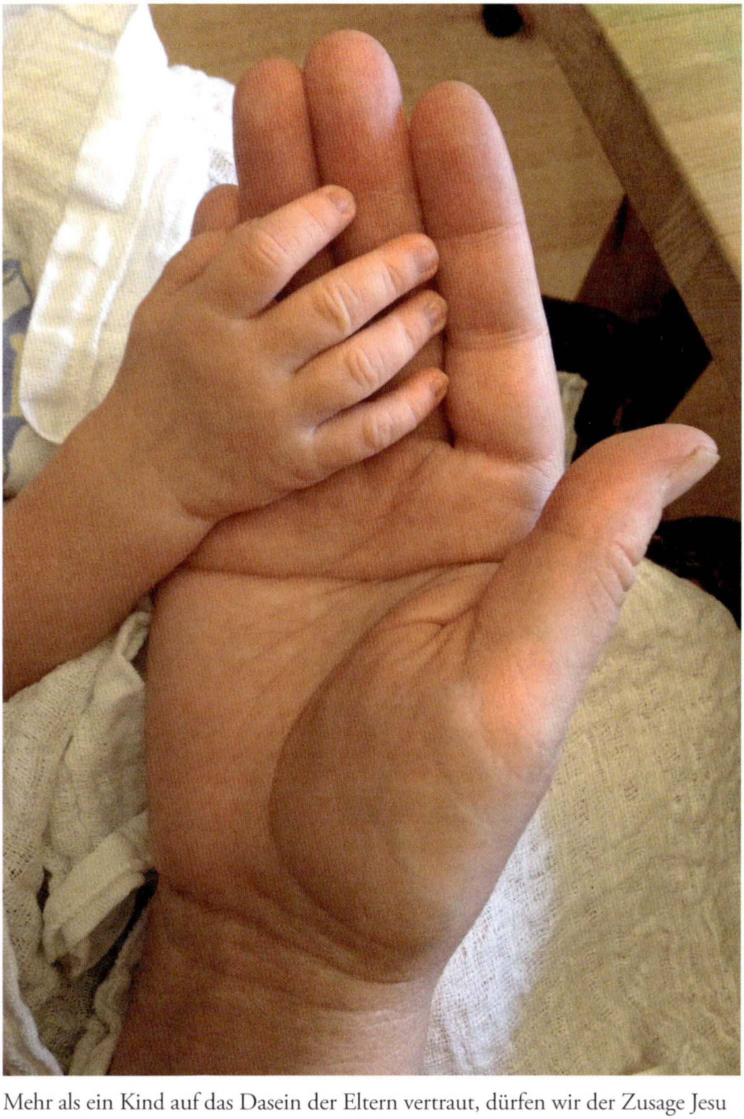

Mehr als ein Kind auf das Dasein der Eltern vertraut, dürfen wir der Zusage Jesu trauen, dass Gott seinem Namen treu bleibt: Jesus ist der „Gott mit uns".

hören das Wort: „Fürchte dich nicht; ich bin mit dir" (Jes 41,10; 43,5) als Ermutigung und Verheißung der Heimkehr.

Vor allem aber: Man hat das Wort von einem Kind mit dem Namen Immanuel als Verheißung an die Dynastie Davids nicht als erledigt betrachtet. Man hat es sogar nach dem Untergang des Königtums weitergegeben, bewahrt und gelesen als Wort der Hoffnung auf eine nicht berechenbare gottgeschenkte Geburt eines Kindes, als ein Wort der Hoffnung auf einen neuen gottgeschenkten „Gott mit uns", den Sohn einer Jungfrau, auf einen ganz neuen Anfang.

Der Immanuel Jesus

Das Matthäusevangelium setzt diese großen Linien und Perspektiven des Glaubens fort, wenn es im Anschluss an den Beginn der menschlichen Geschichte Jesu im Stammbaum, im Anschluss an diese kurze und dichte Zusammenfassung der Geschichte der Menschheit und des Gottesvolkes nun vom Kommen Jesu „von oben" erzählt. Matthäus sagt uns: Gottes Gegenwart, seine Verheißungen vom Immanuel haben sich trotz aller Menschlichkeiten und aller Schuld des Gottesvolkes nicht erschöpft. Sie sind nicht versandet und versickert; Gott hat sich nicht durch die Hintertür aus einer scheinbar gescheiterten Geschichte davongestohlen. Das Wort vom Immanuel hat vielmehr im Kommen Jesu von Nazaret letzte, schönste, endgültige Wirklichkeit gefunden.

Jesus, der Retter, ist leibhaftiges Zeichen des Immanuel, Wort und Zeichen eines neuen Mit-Seins Gottes nicht nur für die eine oder andere Station des Gottesvolkes; er ist Wort und Zeichen von Gottes Gegenwart für sein Volk, ja für alle und für immer bis zur Vollendung: „Seht das Zelt Gottes unter den Menschen. Er wird bei ihnen wohnen." (Offb 21,3)

Advent ist nicht nur Erinnerung, dass Menschen Gottes Gegenwart vielfach erfahren haben, dass sie einmal in der Geschichte besondere Wirklichkeit geworden ist. Jes 7 ist nicht bloß ein Adventtext; er ist Einladung zu einem großen Blick, zur Perspektive des Glaubens, dass die Geschichte des Immanuel weitergeht.

Matthäus hat übrigens das Wort vom Immanuel, von Gottes Gegenwart nicht nur an den Anfang seines Evangeliums gestellt; es steht ganz bewusst auch über der letzten Szene des Evangeliums in Galiläa. Dort spricht der Auferstandene zu seinen Jüngern im Zusammenhang mit ihrer Sendung das letzte Wort des Evangeliums: „Siehe, ich bin mit euch alle Tage bis zur Vollendung der Welt." (Mt 28,20) Er bleibt der Immanuel.

Damit ist auch unsere Welt, ist die Geschichte unserer Kirche, ist unser eigenes Leben umfasst und geborgen in der Verheißung von der Wirklichkeit des Immanuel, des „Gott mit uns". In diesem Glauben gründet auch unser Bleiben (vgl. Jes 7,9).

Ein Mensch als Zeichen von Gottes Treue und unserer Hoffnung: Gestalt, Haus und Sohn Davids

Als nun der König in seinem Haus wohnte und der Herr ihm Ru-
he vor allen seinen Feinden ringsum verschafft hatte, [2]sagte er zu
dem Propheten Natan: Ich wohne in einem Haus aus Zedernholz,
die Lade Gottes aber wohnt in einem Zelt. [3]Natan antwortete
dem König: Geh nur und tu alles, was du im Sinn hast; denn der
Herr ist mit dir. [4]Aber in jener Nacht erging das Wort des Herrn an
Natan: [5]Geh zu meinem Knecht David und sag zu ihm: So spricht
der Herr: Du willst mir ein Haus bauen, damit ich darin wohne?
[8]So spricht der Herr der Heere: Ich habe dich von der Weide
und von der Herde weggeholt, damit du Fürst über mein
Volk Israel wirst, [9]und ich bin überall mit dir gewesen, wohin
du auch gegangen bist. Ich habe alle deine Feinde vor dei-
nen Augen vernichtet und ich will dir einen großen Namen
machen, der dem Namen der Großen auf der Erde gleich ist.
[10]Ich will meinem Volk Israel einen Platz zuweisen und es ein-
pflanzen, damit es an seinem Ort (sicher) wohnen kann und
sich nicht mehr ängstigen muss und schlechte Menschen es
nicht mehr unterdrücken wie früher [11]und auch von dem Tag
an, an dem ich Richter in meinem Volk Israel eingesetzt habe.
Ich verschaffe dir Ruhe vor allen deinen Feinden. Nun ver-
kündet dir der Herr, dass der Herr dir ein Haus bauen wird.

[12]Wenn deine Tage erfüllt sind und du dich zu deinen Vätern legst, werde ich deinen leiblichen Sohn als deinen Nachfolger einsetzen und seinem Königtum Bestand verleihen.
[13]Er wird für meinen Namen ein Haus bauen und ich werde seinem Königsthron ewigen Bestand verleihen. [14]Ich will für ihn Vater sein und er wird für mich Sohn sein. [16]Dein Haus und dein Königtum sollen durch mich auf ewig bestehen bleiben; dein Thron soll auf ewig Bestand haben.

2 Sam 7,1–5.8–14.16

In der Botschaft der Propheten und auch in den adventlichen Texten der Liturgie begegnet uns sehr oft und überaus vielfältig, färbig und spannungsreich die Gestalt Davids, die über Lesungen der Liturgie hinaus auch in den so genannten O-Antiphonen (Wurzel Jesse, Schlüssel Davids, Emmanuel) mehrfach besungen wird.

Viele Christinnen und Christen unserer Tage können allerdings mit dieser Gestalt aus der Ahnengalerie Jesu nicht mehr viel anfangen. Sie erinnern sich vielleicht noch an die Geschichte mit Goliat oder an Davids Ehebruch mit Batseba, der die Künstler immer wieder gereizt hat. So mag 2 Sam 7, die so genannte Natansverheißung an König David, Anstoß zur Frage sein, ob wir mit dieser Erinnerung an David nur noch ein wenig Nostalgie betreiben oder ob wir die biblische Botschaft von David, vom Menschen David, vom Haus Davids und vom Sohn Davids als bedeutsam für uns, für unseren Glauben, für die Kirche und für die Welt betrachten.

Die Gestalt des Menschen David

Bereits die Inspirationen der Gestalt Davids für die Kunst, für Erzähler, Musiker und Maler, zeigt, dass dieser Hirte, Musiker, Krieger, König und Ehebrecher einer der spannungsreichsten Menschen der gesamten Bibel ist – ein Leben voll mit unglaublichen Höhen und Tiefen, äußerlich und innerlich.

Von seiner Geschichte wissen wir sehr wenig. Im 10. Jh. v. Chr. war er vielleicht ein Söldnerführer, der durch die Gunst der Stunde, auch durch politisches Geschick, die Herrschaft über einige Städte errungen und die Bevölkerung des Berglandes um Jerusalem vielleicht zum Stamm Juda zusammengeführt hat. Die durch ihn angestoßene, in der Weltgeschichte höchst bescheidene Dynastie hat sich immerhin einige hundert Jahre gehalten.

Was die Bibel an David interessiert und was sie von ihm erzählt, sind Episoden und Züge eines höchst spannungsreichen Menschen, der politisch fähig und begabt war, jedoch keine Skrupel gescheut hat, seiner Leidenschaft nachzugeben. Die Erzähler zeichnen ihn aber auch als sensibel für Freundschaft (Jonatan), als nachgiebig gegenüber seinen Kindern. David wird in der Konfrontation mit seiner Schuld durch den Propheten Natan als ein Mensch dargestellt, der sich vom Prophetenwort treffen lässt und so zu einem vorbildlichen Büßer wird. Die ihm zugeschriebenen Psalmen machen David schließlich auch zu einem Idealbild der Frömmigkeit, des Gebetes, wie *Nelly Sachs* unübertrefflich formuliert hat:

Nach biblischen Erzählungen hat Gott mit König David und seinem Haus einen ewigen Bund geschlossen. Jesus wird im NT auch „Sohn Davids" genannt.

„Aber im Mannesjahr maß er, ein Vater der Dichter, in Verzweiflung die Entfernung zu Gott aus, und baute der Psalmen Nachtherbergen für die Wegwunden."

Dieses Davidbild der Bibel, das immer weiter gewachsen ist, ist mit seiner Färbigkeit und seinen Spannungen vom Anfang bis zum Ende ein großes Bild des Trostes. Von einem solchen Menschen bekennt die Bibel, dass Gott mit ihm eine Geschichte begonnen hat, dass er mit ihm war vom Tag seiner Salbung an (1 Sam 16,13).

Das Haus Davids und Gottes Treue

Der Verheißung in 2 Sam 7 geht es aber nicht bloß um die Geschichte eines Menschen mit seinen Hoffnungen und Abgründen, dieses Kapitel ist so etwas wie eine Zusammenfassung und Deutung einer großen Periode der Geschichte Israels, ja im Letzten ein Wort über das Ganze: „Gott, der Herr, wird dir ein Haus bauen", sagt Natan dem König in Jerusalem. Da geht es um seinen Sohn als Nachfolger, dessen Königsthron Gott ewigen Bestand verheißen hat: „Ich will ihm Vater sein und er wird für mich Sohn sein. Dein Haus und dein Königtum sollen durch mich auf ewig Bestand haben". Das heißt, es geht um die Verheißung einer Dynastie für David, die für immer Bestand haben soll.

Wir hören und lesen da bereits das Wort des Glaubens an eine Verheißung, das Wort des Glaubens an die Treue Gottes, das im Laufe der Geschichte des Königtums, vor allem in Zeiten der Krise und schließlich des Untergangs, immer mehr Gewicht und Bedeutung bekommen hat. Das Wort der Verheißung ist zu einem Wort der Hoffnung geworden, als die Dynastie Davids nach Babylon musste und schließlich sang- und klanglos verschwunden ist.

Dieses Wort der Hoffnung ist zur Frage geworden, ob, wann und wie denn Gott seine Zusage und Treue für das Haus Davids tatsächlich als wahr erweisen wird. Das heißt, Israel musste in einem gewiss schmerzlichen Prozess lernen, dass Gottes Pläne mit seinem gesalbten König (dem Gesalbten, Messias) sich offenbar auf höchst unerwartete, paradoxe Weise verwirklichen: jenseits von äußerer politischer Macht, jenseits einer in der großen Welt anerkannten Linie eines Herrscherhauses. Allen äußeren Erfahrungen zum Trotz musste Israel den Glauben an ein Kind durchhalten, an einen Fürst des Friedens, der auf dem Thron Davids herrscht, der äußerlich völlig verschwunden war (Jes 9,1–6); den Glauben an einen unscheinbaren Anfang durch ein Reis aus einem Wurzelstumpf, auf den sich der Geist des Herrn in seiner ganzen Fülle niederlässt (Jes 11,1–10); an einen König, der zur Tochter Zion kommt, der gerecht ist, dem aber auch selbst Rettung zuteilwerden muss (Sach 9,9). In den Psalmen hat Israel diese Hoffnung auf eine äußerlich nirgends sichtbare Verwirklichung der Treue Gottes zu David unentwegt weitergetragen, durchgehalten und Gott daran erinnert (Ps 2; 72; 89; 110; 132).

Jesus, der Sohn Davids

Lukas greift in der Erzählung von der Verkündigung (Lk 1,26–38) diesen Faden wieder auf, setzt diese seltsame Geschichte fort und weist hin auf ihre Verwirklichung und ihr Ziel. Josef, der Verlobte Mariens, war – so heißt es – aus dem Haus und Geschlecht Davids; d. h. die Geschichte von Gottes Treue war nicht zu Ende. Und die Botschaft des Engels an Maria über den verheißenen Sohn lautet: „Gott, der Herr, wird ihm den Thron seines Vaters David geben. Er wird über das Haus Jakob herrschen in Ewigkeit, und seine Herrschaft wird kein Ende haben." (Lk 1,32–33)

Was will der Evangelist damit in einer Zeit sagen, in der es von einer Dynastie Davids keine Spur mehr gegeben hat, da die Römer die politische Macht fest in ihren Händen hatten? Was heißt es, wenn Paulus den Römerbrief mit dem Evangelium von Jesus Christus, dem Sohn Davids dem Fleische nach, eröffnet? (vgl. Röm 1,3)

Die Ankündigung von Jesus als Sohn Davids, die ihn in diese Geschichte hineinstellt und mit ihr verbindet, ist zunächst Botschaft, dass Gott in Jesus, dem Sohn Mariens, diese höchst menschliche Geschichte Davids und seiner Nachkommen angenommen hat, und mit ihr und in ihr auch ihre Menschlichkeiten, Abgründe und Untergänge. Jesus, der Sohn Davids, ist keiner, der jenseits menschlicher Höhen und Tiefen schwebt. Er hat sie vielmehr angenommen und ist durch sie hindurchgegangen, um menschlich-unmenschliche Herrschaft von Gewalt und Unrecht zu überwinden, zu erlösen und einen neuen Anfang zu schaffen.

Jesus, der Sohn Davids, ist auch Botschaft der Treue: Gott hat in Jesus die Geschichte seiner unglaublichen, beständigen Treue zu Israel bestätigt und weitergeführt. Er hat am Haus Davids weitergebaut auf seine Weise und damit an einer Geschichte der Hoffnung auf eine Welt der Gerechtigkeit und des Friedens, eine ungeheure Botschaft der Hoffnung für Israel, für die Kirche und für die Welt!

Das Wort vom Sohn des Höchsten offenbart und verwirklicht in einer letzten Weise, was es heißt: „Ich will ihm Vater sein und er wird mir Sohn sein." (2 Sam 7,14)

Wenn wir uns zum Sohn Davids bekennen, ihn um sein Erbarmen anrufen (Mt 9,27), wenn wir ihn erwarten, ist das ein Bekenntnis der Hoffnung,

- dass er auch in unsere Menschlichkeiten hineinsteigt, sie annimmt und wie bei David erlöst;
- dass er die Geschichte seiner Treue für das Haus des Gottesvolkes fortsetzt, immer noch und immer wieder auf unerwartete Weise;
- dass er unsere Hoffnungen auf seine Weise vollenden wird, nicht die Hoffnungen privater Frömmigkeit, sondern die Hoffnungen für Israel, für die Kirche und für die Welt.

Visionen der Ermutigung für Jerusalem

Leg ab, Jerusalem, das Kleid deiner Trauer und deines
Elends und bekleide dich mit dem Schmuck der Herrlichkeit,
die Gott dir für immer verleiht. [2]Leg den Mantel der gött-
lichen Gerechtigkeit an; setz dir die Krone der Herrlichkeit
des Ewigen aufs Haupt! [3]Denn Gott will deinen Glanz dem
ganzen Erdkreis unter dem Himmel zeigen. [4]Gott gibt dir für
immer den Namen: Friede der Gerechtigkeit und Herrlich-
keit der Gottesfurcht.
[5]Steh auf, Jerusalem, und steig auf die Höhe! Schau nach Os-
ten und sieh deine Kinder: Vom Untergang der Sonne bis zum
Aufgang hat das Wort des Heiligen sie gesammelt. Sie freuen
sich, dass Gott an sie gedacht hat. [6]Denn zu Fuß zogen sie
fort von dir, weggetrieben von Feinden; Gott aber bringt sie
heim zu dir, ehrenvoll getragen wie in einer königlichen Sänf-
te. [7]Denn Gott hat befohlen: Senken sollen sich alle hohen
Berge und die ewigen Hügel, und heben sollen sich die Täler
zu ebenem Land, sodass Israel unter der Herrlichkeit Gottes
sicher dahinziehen kann. [8]Wälder und duftende Bäume aller
Art spenden Israel Schatten auf Gottes Geheiß. [9]Denn Gott
führt Israel heim in Freude, im Licht seiner Herrlichkeit; Er-
barmen und Gerechtigkeit kommen von ihm.

Bar 5,1–9

Lektüre und Hören adventlicher Texte aus dem Gottesvolk der Hoffenden, von Texten, von Verheißungen kann manchmal nicht nur Ermutigung, sondern auch Last sein, die in winterlicher, dürftiger Zeit mühsam zu tragen ist, die wir immer wieder neu vom Boden aufheben und reinigen müssen.

Und dennoch: Gottes Verheißungen, seine Worte, die uns in der Liturgie und der Lektüre der Bibel gerade in diesen Tagen und Wochen begegnen, sind bei aller Herausforderung und ihrem Gewicht not-wendig, lebens-notwendig: „Ohne Visionen verkommt/verwildert das Volk", lesen wir im Buch der Sprichwörter (Spr 29,18). Dieses Wort gilt bereits für den einzelnen Menschen. Wir wissen heute viel mehr als zu früheren Zeiten, wie Menschen ohne Aussicht, ohne Perspektiven für ihre Zukunft, auf Wohnung, Lebensmöglichkeit und Arbeit tatsächlich verkommen, verwildern, der Gewalt in die Hände fallen. Gerade in den Wochen vor Weihnachten wird dies wieder für nicht wenige bittere Realität. Das Wort aus dem Buch der Sprichwörter gilt aber auch für die Gemeinschaft, die Bilder, Perspektiven, Visionen der Hoffnung braucht, die sie zusammenhalten. Wo solche Perspektiven fehlen, fällt die Gemeinschaft auseinander; jeder kämpft nur mehr für sich selbst, für seine Interessen; oder es dreht sich alles in einem hoffnungslosen Kreislauf.

Der Baruch-Text, der uns in der Adventliturgie begegnet, stellt im Bild Jerusalems eine solche Vision vor uns hin, die uns nicht nur durch den Advent begleiten kann; sie zieht sich durch die ganze Bibel bis zum Abschluss, zur Vollendung in der Apokalypse.

Wenn wir den Überblick verlieren, wo unsere Städte hinwachsen ins Unüberschaubare, in Orte der Isolation der einzelnen Menschen, in Orte der Gewalt, dann sind die Bilder Jerusalems in der Bibel so etwas wie Visionen des Planes Gottes für seine Menschen, für seine Stadt, für uns. Jerusalem ist und begegnet dort

- als Ort, in dem sich die Geschichte der Gegenwart Gottes in der Welt verdichtet und zusammenfasst;
- als Ort von Gericht und Krisen;
- aber auch als Ort und Bild der Hoffnung und Vollendung von Gottes Plan.

Jerusalem – Ort und Bild von Erinnerung und Hoffnung

Unser Text aus dem Buch Baruch – wohl aus dem vorletzten Jahrhundert vor Christus – fasst bereits rund 1000 Jahre Geschichte mit Krisen und Hoffnungen zusammen. Der Verfasser blickt gerade auf sehr turbulente Jahrzehnte der Makkabäer-Kämpfe zurück: Eine fremde Macht mit ihren Söldnern hatte sich in der Stadt breitgemacht und im Angesicht des Tempels sogar einen heidnischen Altar aufgestellt. In einem heldenhaften Kampf war es gelungen, Stadt und Heiligtum wieder zu reinigen und neu einzuweihen. Da greift der Seelsorger und Verfasser unseres Textes auf die großen alten Bilder von Gottes Liebe zu seiner Stadt zurück – als Botschaft der Erinnerung und als Vision neuer Hoffnung.

Jerusalem – Stadt der Erwählung und des Gerichtes Gottes

Baruch erinnert die Menschen seiner Stadt, dass Gott das kleine Jerusalem wie unter David und Salomo zu einem Zeichen seiner Einwohnung, seiner Gegenwart in der Welt gemacht hat, zum Zeichen, dass er sich an ein Stück Erde gebunden hat und dieser Bindung die Treue hält, sie ernst nimmt. So ernst, dass die Propheten die Stadt und ihre Menschen immer wieder an die Gegenwart und an den Anspruch des Heiligen erinnert haben. Sie haben immer wieder das Zeugnis von der Gegenwart des Heiligen leidenschaftlich eingefordert: nämlich Recht, Gerechtigkeit und Treue. Denn in dieser Stadt sollte das Feuer des Heiligen lebendig bleiben, brennen und leuchten (Jes 31,9; 33,14).

So ist diese Stadt Gottes auch zum ersten schmerzlichen Symbol geworden, dass es nichts nützt, sich nur auf die Erwählung zu berufen: „Der Tempel des Herrn, der Tempel des

Herrn …“ (Jer 7,4) Der Heilige kann auch Feuer an seine Stadt legen und sie sogar dem Gericht, der Zerstörung preisgeben, wenn sie seine Gegenwart nicht mehr ernst nimmt.

Jerusalem – Visionen der Hoffnung

Baruch erinnert in unserem Text aber vor allem an die Botschaft des Jesaja-Buches von Gottes Festhalten an diesem Stück Erde und seinen Menschen, an die Verheißungen von Heimkehr aus der Zerstreuung, vom Wiederaufbau, von der Verherrlichung. Diese Worte haben unter der Asche immer noch weiter geglüht und immer wieder Licht und Energie für die mühsamen Schritte über Jahrhunderte hinweg geschenkt. So holt auch Baruch in der mühsamen Stunde seiner Gegenwart die alten Verheißungen hervor, dass unter dem Kleid voll Staub, Schmutz und Blut, unter dem Kleid, das ganz zerschlissen ist, doch einmal das Gold, das Zeichen der Gegenwart des Heiligen, durchleuchtet und durchdringt, wie Jesaja es verheißen hat (Jes 52,9); dass die Wege des Gottesvolkes durch die Wüste (Jes 40,3–5) ans Ziel kommen; dass Gott selbst sich über diesen Weg freut (Bar 5,9; Jes 62,5; 66,10); dass diese Stadt, wie Jesaja schon verheißen hat (Jes 40,9–11), auf die Höhe steigt und das Kommen ihrer Söhne und Töchter aus der Ferne erleben kann. Jerusalem bekommt den Namen „Friede der Gerechtigkeit und Herrlichkeit der Gottesfurcht“, wie schon Jeremia sie genannt hat (Jer 33,16).

Ein grüner Spross treibt aus dem hölzernen Stamm. Wer die Augen offenhält, wird zahlreiche derartige Hoffnungsbilder in der Natur entdecken.

Jerusalem im Neuen Testament

Auch im Neuen Testament geht nicht nur Gottes Gericht, sondern auch und bis zuletzt vor allem das Ja Gottes zu dieser seiner erwählten Stadt, zu seinem erwählten Stücklein Erde weiter.

In der Erzählung der Apostelgeschichte vom Pfingstfest in Jerusalem (Apg 2) wird die Stadt zur Vision, zum Ort der Sammlung des Gottesvolkes aus allen Völkern der Welt, die dort Gottes Großtaten erfahren und verstehen lernen, zur Sammlung auch der Völker der Welt, wie sie schon bei Jesaja aufleuchtet (Jes 2,2–5; 60). Eine Vision, ein Bild, um dessen Verwirklichung wir gegenwärtig nur ganz dringend bitten können.

Jerusalem bleibt trotz all seiner Grenzen Vision einer letzten Vollendung des Planes Gottes mit seinen Menschen. Die Apokalypse, die Offenbarung, ist dafür ein großartiges Zeugnis am Schluss der Bibel, am Schluss der Geschichte Gottes mit seinen Menschen. Da steigt dieses neue, vollendete Jerusalem vom Himmel hernieder (vgl. Offb 21,9–22,5). Da wird es endgültig zum Ort der Gegenwart Gottes unter den Menschen. Da wird es zur Stadt, die kein äußeres, irdisches Heiligtum, keinen Tempel mehr braucht.

Es ist gewiss nicht einfach, wie Baruch es auch in einer schwierigen Stunde versucht hat, diese Vision von der Verherrlichung Jerusalems durchzutragen und lebendig zu halten. Diese Vision ist aber auch Befreiung und Entlastung.

Der Herr, Gott selbst ist es, der unsere kleinen, mühsamen Bauarbeiten vollendet. Er ist die Mitte seiner erwählten Stadt, er wird sie vollenden und in ihr zum Vorschein kommen.

Wir dürfen und sollen diese Vision weitertragen wie Baruch, wie Israel es mit den Prophetenworten getan haben, als Rufer zum Glauben und als Mitarbeiterin an der Vollendung.

Gerechtigkeit – Lebensfülle

„Der Herr ist unsere Gerechtigkeit“: Die andere Adventbotschaft

Seht, es werden Tage kommen – Spruch des Herrn –, da erfülle ich das Heilswort, das ich über das Haus Israel und über das Haus Juda gesprochen habe. [15]In jenen Tagen und zu jener Zeit werde ich für David einen gerechten Spross aufsprießen lassen. Er wird für Recht und Gerechtigkeit sorgen im Land. [16]In jenen Tagen wird Juda gerettet werden, Jerusalem kann in Sicherheit wohnen. Man wird ihm den Namen geben: Jahwe ist unsere Gerechtigkeit.

Jer 33,14–16

Es ist gewiss das grelle, bunte Licht der Märkte, das unsere bescheideneren christlichen Adventlichter und -kerzen in den Schatten stellt; es ist die abstumpfende Wiederholung von Liedern bis zum Überdruss, die für die eigentliche Botschaft unempfindlich und taub macht. Doch es ist nicht nur die umtriebige Geschäftswelt, der Appell an das Gefühl, das diese Tage harmlos und oberflächlich macht. Auch das allzu viele Reden vom Warten und Unterbrechen, so gut es auch gemeint ist, kann dazu beitragen, dass es möglichst unverbindlich bleibt, wenn niemand sagt, wozu und worauf wir warten sollen.

Selbst der Advent als Erinnerung an das schon erfolgte Kommen Jesu oder das Warten auf eine ferne Zukunft kann

Gefahr laufen, dass wir im Unverbindlichen stecken bleiben, fern von der gegenwärtigen Wirklichkeit, fern vom Leben.

Die Bibel und die Texte der Liturgie sprechen da eine ganz andere, sehr konkrete Sprache, so die schöne Lesung aus dem Buch Jeremia (Jer 33,14–16) von einem Spross der Gerechtigkeit, vom Namen für die Gottesstadt Jerusalem „der HERR ist unsere Gerechtigkeit". Wir singen überdies auch in unserem Adventlied „Tauet Himmel den Gerechten" ein Wort, inspiriert von der Verheißung aus dem Jesaja-Buch, dass die Himmel Gerechtigkeit regnen und die Erde Gerechtigkeit sprießen lassen soll (vgl. Jes 45,8).

Immer wieder begegnet uns, ohne dass wir es sehr beachten und ernst nehmen, in diesen Wochen das Stichwort „Gerechtigkeit" als Ziel und Wirkung der Hoffnung dieser Tage: Gerechtigkeit als die rechte, stimmige Ordnung der Menschen untereinander, aber auch nach dem Maßstab Gottes, mit der Konsequenz des Friedens, eines gelingenden, guten Miteinanders. Darum ist es gut, bei dieser sehr konkreten, verbindlichen und allezeit aktuellen Adventhoffnung und -verheißung ein wenig stehen zu bleiben, beim Text von Jer 33,14–16.

Aufrichtung des guten Wortes vom Spross der Gerechtigkeit

„Siehe, Tage kommen, da richte ich das gute Wort wieder auf, das ich gesprochen habe über das Haus Israel und das

Haus Juda.“ (Jer 33,14) Es ist das gute, hilfreiche Wort der Verheißung, das uns hineinführt in die zwiespältigen Erfahrungen der Geschichte des Königtums im Gottesvolk Israel. Zehn Kapitel vorher (Jer 23,5) war schon zu lesen, dass Gott am Ende der Königszeit für David und das Haus Israel/Juda einen gerechten Spross erwecken möchte, der wieder Frieden und Sicherheit für die Menschen bedeutet, während die Könige mit ihrer Politik die Katastrophe und den Untergang heraufbeschworen haben. Darum auch der Name „der HERR ist unsere Gerechtigkeit“.

Unser Jeremia-Text erinnert, wohl schon einige Zeit nach Gericht und Untergang, wieder an dieses Wort, an das gute Wort, das neu aufgerichtet werden soll, d. h. bei Gott nicht in Vergessenheit geraten ist.

Grundbotschaft und Grundton der Hoffnung und Verheißung

Wir überhören in einer etwas einseitigen Konzentration auf die Person Jesu im Advent sehr oft, dass Gottes Verheißungen fast durchwegs einer Welt gelten, in die wieder Gerechtigkeit hineinkommen soll, die sie dringend nötig hat.

Da kommt etwa der große Weihnachtstext von der Geburt eines königlichen Kindes (Jes 9,1–6), das einen Thron in Recht und Gerechtigkeit festigt. Da ist der Text in Jes 11,1–10 vom Reis aus Isaias Wurzelstumpf, der Gerechtig-

Die kleinen Triebe verheißen den Frühling. Verheißungen werden aber nur von denen wahrgenommen, die sich auch noch etwas erwarten.

keit zum Gürtel seiner Hüften macht, d. h. dazu gerüstet ist, für Gerechtigkeit zu sorgen. Da wäre auch die Verheißung Jes 32,15, dass die Ausgießung des Geistes Gottes aus der Höhe in der Wüste Recht bringen wird und auf dem Karmel Gerechtigkeit.

Im großen Königspsalm 72 begegnen diese Anliegen wieder: die Bitte um die Gabe von Gerechtigkeit und Recht für den König und dessen Sohn sowie die wunderbare Hoffnung, dass die Berge Frieden tragen für das Volk und die Hügel Gerechtigkeit (Ps 72,1–3).

Der Herr ist unsere Gerechtigkeit – Gabe Gottes

Sowohl die Bitte um Gerechtigkeit als auch die Verheißungen in Verbindung mit der Hoffnung auf einen neuen königlichen „Spross der Gerechtigkeit" bringen nachdrücklich und immer wieder neu zum Ausdruck, dass dies Gabe, Geschenk ist, darum auch in Jer 33 der Name „der HERR ist unsere Gerechtigkeit"; d. h. Menschen werden dies von sich her nie völlig schaffen, weder ein Einzelner noch die Gemeinschaft der Stadt Jerusalem, der dieser Name ebenfalls verliehen wird.

Wo Gerechtigkeit geschieht und wächst, dort wächst dies aus dem geheimnisvollen, wunderbaren Zusammenwirken von oben und unten, von Himmel und Erde, von Gott und Mensch, wie es der schöne Adventpsalm am Schluss so berührend formuliert: „Güte und Treue sind sich begegnet, Gerechtigkeit und Friede haben sich geküsst. Treue sprosst aus der Erde hervor und Gerechtigkeit schaut nieder vom Himmel. Ja, der Herr gibt Gutes und unser Land gibt seinen Ertrag. Gerechtigkeit geht vor ihm her und bestimmt den Weg seiner Schritte." (Ps 85,11–14) Das ist vielleicht die schönste Formulierung der Verheißung und der Hoffnung, die Gottes Volk mit dem Kommen des Gesalbten Gottes verbunden hat.

Advent konkret

„Der HERR ist unsere Gerechtigkeit" – dieses Wort vermöchte und vermag unseren Advent vor Unverbindlichkeit und bloßen Stimmungen zu bewahren. Es ist Anlass zur Bitte um Gerechtigkeit der Menschen untereinander, weltweit, in der Gesellschaft, aber auch im Kleinen. Es ist Anlass zur Bitte, dies möge auch in der Kirche und durch die Kirche immer wieder sichtbar und erfahrbar werden, dass der Herr unsere Gerechtigkeit ist. Dieser Titel ist auch Ermutigung, Impuls, selbst immer wieder kleine Schritte zu setzen, an denen, in denen und durch die dies spürbar wird, wenn wir in Gefahr sind, Menschen nicht in ihrer Eigenart, ihrer Persönlichkeit ernst zu nehmen, sondern voreilig, schnell, hart oder ungerecht urteilen und eine andere/einen anderen nicht mehr aus einer Schablone, aus einem Vorurteil, aus einem fixen Bild herauslassen, in das wir sie/ihn eingeordnet haben. „Der HERR ist unsere Gerechtigkeit“ ist Einladung zum Versuch, mit Gottes Augen und Gottes Urteil, vor allem mit Gottes Praxis, einander im Alltag, gerade auch im Raum der Kirche zu begegnen. Es ist vor allem Wort der Hoffnung, dass solche Schritte der Gerechtigkeit gelingen, weil Gott nicht nur verheißen hat, dass er solche Gerechtigkeit wachsen lässt. Er hat sie im Antlitz des Menschensohnes schon einmal aufleuchten lassen (Lk 2,29–32; 21,27–36). Er kommt uns dabei immer neu entgegen bis zur Vollendung.

Im Dienst des Lebenswillens Gottes für die Welt

*Seht, das ist mein Knecht, den ich stütze; das ist mein Er-
wählter, an ihm finde ich Gefallen. Ich habe meinen Geist
auf ihn gelegt, er bringt den Völkern das Recht. [2]Er schreit
nicht und lärmt nicht und lässt seine Stimme nicht auf der
Straße erschallen. [3]Das geknickte Rohr zerbricht er nicht
und den glimmenden Docht löscht er nicht aus; ja, er bringt
wirklich das Recht. [4]Er wird nicht müde und bricht nicht zu-
sammen, bis er auf der Erde das Recht begründet hat. Auf
sein Gesetz warten die Inseln.
[5]So spricht Gott, der Herr, der den Himmel erschaffen und
ausgespannt hat, der die Erde gemacht hat und alles, was
auf ihr wächst, der den Menschen auf der Erde den Atem
verleiht und allen, die auf ihr leben, den Geist: [6]Ich, der
Herr, habe dich aus Gerechtigkeit gerufen, ich fasse dich
an der Hand. Ich habe dich geschaffen und dazu bestimmt,
der Bund für mein Volk und das Licht für die Völker zu
sein: [7]blinde Augen zu öffnen, Gefangene aus dem Kerker
zu holen und alle, die im Dunkel sitzen, aus ihrer Haft zu
befreien.*

Jes 42,1–7

Die Taufe ist unter Christen immer noch eine Station, die intensiv vorbereitet und festlich gefeiert wird, auch von Menschen, die sonst nicht besonders tief mit der Kirche verbunden sind. Solche Feiern sind freilich oft eher äußerlich. Und diese Feiern stehen in nicht geringer Spannung zum Weiterwirken im Alltag. Denn die Taufe ist mehr als eine feierliche Namensgebung mit manchmal seltsamen Modenamen. Die Taufe ist der Beginn eines Weges mit Jesus, eines Weges im Auftrag Gottes.

Es ist ein Weg, den Jes 42,1–7 als einen großen und weiten, aber auch überaus menschlichen Weg zeichnet. Es ist der Weg eines Beauftragten, Gesandten und Gerufenen Gottes, der Weg eines „Knechtes Gottes". Es ist ein Weg, der auch für die Kirche und für die Welt unserer Tage sein Gewicht hat, ein Weg, über den nachzudenken sich lohnt. Nicht umsonst begegnet dieser Text Jahr für Jahr am Fest der Taufe Jesu. Jesus hat diesen Weg zu seinem eigenen gemacht,

- zu einem Weg im Auftrag Gottes, über dem das Ja Gottes steht;
- zu einem Weg höchster und tiefster Menschlichkeit, über dem die Verheißung des Gelingens steht.

Gottes Ja zu seinem „Knecht“ als Sendung für die Welt der Völker

Wir erfahren vorerst gar nicht, wer da angesprochen wird; es sind wohl Gruppen des Gottesvolkes Israel, die vielleicht gerade aus der Fremde wieder heimgekehrt sind, die unsicher sind über ihre Zukunft und die nun von Seelsorgern und prophetischen Boten als „Knechte“, d. h. als Gottes Beauftragte, angesprochen werden.

„Siehe, mein Knecht“ öffnet ihnen den großen Horizont ihrer Herkunft, ihrer Sendung und ihrer Aufgabe. In all ihrer Unsicherheit wird ihnen gesagt, dass sie von Gott kommen, dass sie seine persönlich Beauftragten sind. Sie sollen und dürfen sich in der mühevollen Gegenwart hineinstellen in die Reihe und die Sendung vieler Knechte Gottes vor ihnen: Abraham trägt diesen Ehrentitel, David, Propheten, vor allem aber Mose, der 40-mal mit diesem Ehrentitel ausgezeichnet wird und dessen Existenz davon bestimmt ist. „Ich bin mit dir“ ist Gottes Antwort auf seine Frage: „Wer bin ich, dass ich zum Pharao gehen soll?“ (Ex 3,12) Gott steht zu ihnen und legt seinen Geist, seine Kraft auf sie, wie auf David (1 Sam 16), auf den Spross aus dem Wurzelstumpf Isais (Jes 11,1), der durch die Fülle der Gaben zu einer heilvollen Leitung des Gottesvolkes befähigt wird. Auch auf Propheten wird für ihre Sendung dieser Geist des Herrn ruhen (Jes 61,1–11), sogar auf dem Volk Gottes in all seinen Gruppen und Schichten (Joël 3).

Die Aufgabe des Knechtes des Gottesvolkes ist es, die Entscheidung, den Ratschluss Gottes in die Welt der Völker hinauszutragen, dass ihr Gott der eine, einzige, der wahre und wirkliche Gott ist.

Ein Weg heilenden Menschseins und sein Gelingen

Die Ausführung der Sendung dieser Knechte geschieht auf höchst unerwartete, überraschende, aber zutiefst hilfreiche und menschliche Weise: nicht durch Lärm, Getöse und Gewalt, wie bei den Mächtigen der Welt, vor denen Menschen Angst haben und zittern. Das Wirken des Knechtes ist leise, zurückhaltend, ohne Gewalt. Es ist ein wunderbares Bild von einem Gott des Lebens, das dieser Knecht vermittelt. Er bricht das schon geknickte Rohr nicht völlig und löscht den nur mehr glimmenden Docht nicht aus; im Gegenteil, er richtet schwaches, schon gebrechliches Leben wieder auf und heilt es. Er macht das schon schwache, verlöschende Licht wieder hell und stark.

Er verwirklicht die Aufgabe des Tröstens, die schon am Beginn (Jes 40,1) steht. In Jes 61,1–2 greift ein Prophet späterer Stunde wieder auf diese lebensfördernde Aufgabe des Knechtes zurück; er soll armen, gebrochenen Herzen in der Gemeinde Jerusalem das Evangelium, die frohe Botschaft, nicht nur verkünden, sondern erfahren lassen. Die Aufgabe

Der von Gott Auserwählte geht behutsam mit Verletzungen um: Das geknickte Rohr bricht er nicht und den glimmenden Docht löscht er nicht aus.

der Verkündigung des Evangeliums bedeutet also nicht in erster Linie Katechismusweitergabe oder Vermittlung von Geboten, sondern wirklich eine frohe, dem Leben dienende Botschaft weiterzugeben und zu verwirklichen. Jesus selbst hat sich ja in Nazaret in seiner ersten Predigt zu dieser Aufgabe bekannt (Lk 4,14–19).

Über diesem Auftrag steht auch die Verheißung des Gelingens: „Ja, gewiss, er bringt die Entscheidung Gottes hinaus“. Gott, der durch seinen Knecht Schwaches, Gebrochenes heilt und rettet, wird dies auch an seinen Knechten, an seinem beauftragten Zeugen tun. Er wird ihn selbst nicht knicken, zusammenbrechen und erlöschen lassen. Er ist ja ein Gott, der „dem Müden Kraft“ gibt, den Kraftlosen Stärke: „Die auf ihn harren, erneuern ihre Kraft, sie laufen und werden nicht müde.“ (Jes 40,29.31)

Vor allem: Zweimal wird am Ende wieder der weltweite Horizont betont: „Die Inseln harren auf seine Weisung“ – das klingt ganz ähnlich wie der große Text von der Völkerwallfahrt zum Zion (Jes 2,1–5), wo sich Völker aufmachen zum Berg des Herrn, um sich dort Weisung für eine Ordnung des Lebens zu holen, für Werkzeuge zu Fest und Feier des Lebens statt für Gewalt, Krieg und Tod.

Unser Jesaja-Text vom beauftragten Knecht als Boten des Lebenswillens Gottes für die Welt aus einer Situation, wo das Gottesvolk selbst diese Botschaft dringend nötig hatte, weist weit über jene Stunde hinaus.

Jesus selbst hat, so predigt es Petrus in Cäsarea (Apg 10,38), durch seine Botschaft und vor allem durch sein Leben diesen Gott verkündigt. Das Evangelium von der Taufe Jesu ist Zeugnis und Bekenntnis: Der Geist seines Vaters hat ihn dazu befähigt und ihm als seinem Knecht sein Ja, sein Wohlgefallen zugesagt.

So darf auch die Kirche, so dürfen wir als Gemeinschaft der Getauften in allen Unsicherheiten der Stunde unseren Weg im Glauben und in der Zuversicht gehen, dass vor und über allen Nöten und Herausforderungen Gottes Ja zu seinem Knecht immer gültig ist.

Gerade deswegen ist aber auch unsere und der Kirche erste und vornehmste Aufgabe – wie der Knecht Israel bei Jesaja und wie Jesus selbst –, zerbrechlichem, beschädigtem, gebrochenem Leben den Gott der Rettung und des Lebens zu bezeugen, einen Gott, auf den Völker der Welt mehr denn je warten, den auch wir selbst brauchen.

Zum Autor Johannes Marböck

8. Februar 1935	in Natternbach geboren
1946–1954	Gymnasium Kollegium Petrinum (Linz-Urfahr)
1954–1959	Theologiestudium in Linz
1959	Priesterweihe
1959–1965	Seelsorgetätigkeit als Kooperator in Schönau im Mühlkreis, Gallneukirchen, Steyregg, Utzenaich und Wels-Vorstadt
1965–1967	Studium am Päpstlichen Bibelinstitut in Rom (Lizentiat der Bibelwissenschaften)
1967/68	Studium an der École Biblique et Archéologique française, Jerusalem
1968–1970	Assistent für Altes Testament
1970	Habilitation für Altes Testament an der Universität Graz
1970–1976	Professor für Altes Testament an der Phil.-Theol. Hochschule Linz
1976–2003	Professor für Altes Testament an der Universität Graz – mit Predigtdienst in der Pfarre Graz-Herz Jesu
1985–1987	Dekan der Theologischen Fakultät Graz
2004–2010	Kanonikus und Firmspender in der Diözese Linz
2004–2016	Vorsitzender der Freunde des Bibelwerks Linz
ab 2006	Leitende Mitarbeit bei der Neubearbeitung der Einheitsübersetzung
2007	Ernennung zum Päpstlichen Ehrenprälat
seit 2008	Kirchenrektor bei den Kreuzschwestern in Linz

Lesejahr A

Seite

Lesejahr B

Lesejahr C

Stichwortregister

Nähere Informationen zu den angeführten Stichwörtern ab den angegebenen Seiten.

Ausgelegte Bibeltexte

Bildnachweis

Alle hier nicht angeführten Bilder, die Bildauswahl
und die Bildtexte stammen von Ingrid Penner, Bibelwerk Linz.

42–43: Engelbert Krammer
61: Sr. Mirjam Volgger
63: Rosi Luftensteiner
71: Hans Eidenberger
74–75: Thomas Hinterholzer
79: Hans Eidenberger
93: Irene Friedl
98–99: Armin Haiderer
107: Sr. Mirjam Volgger
126–127: Gabi Bumberger
165: Sandra Haiderer

BIBELWERK
4020 Linz, Kapuzinerstraße 84
0732/7610-3231; Fax:-3239
bibelwerk@dioezese-linz.at
www.bibelwerklinz.at

MIX
Papier aus verantwortungsvollen Quellen
FSC® C014138
FSC
www.fsc.org

Mitglied der Verlagsgruppe „engagement"

2016

Umschlaggestaltung: stadthaus 38
Layout und digitale Gestaltung: Tyrolia-Verlag
Druck und Bindung: FINIDR, Tschechien
ISBN 978-3-7022-3555-0
E-Mail: buchverlag@tyrolia.at
Internet: www.tyrolia-verlag.at